Super reisen!

Côte d'Azur

Von Uwe Anhäuser

MERIAN

Unsere Qualitätszeichen sind

für besonders hervorzuhebende Objekte

für Plätze, wo sich vor allem junge Leute aufhalten
oder die man ihnen empfehlen kann

Abkürzungen

Aug.	August	Jh.	Jahrhundert
av.	Avenue	Mi	Mittwoch
Dez.	Dezember	Mo	Montag
Di	Dienstag	Nov.	November
Do	Donnerstag	Okt.	Oktober
Feb.	Februar	Sa	Samstag
FF	französische Francs	Sept.	September
Fr	Freitag	So	Sonntag
geschl.	geschlossen	Tel.	Telefon
Jan.	Januar	tgl.	täglich

Preiskategorien

Restaurants
Die Preise beziehen sich jeweils auf ein Menü.
Luxuskategorie: ab 180 FF
1. Kategorie: ab 120 FF
2. Kategorie: ab 80 FF
3. Kategorie: ab 40 FF

Hotels
Die Preise gelten für zwei Personen im Doppelzimmer.
Luxuskategorie: ab 1100 FF
1. Kategorie: ab 600 FF
2. Kategorie: ab 320 FF
3. Kategorie: ab 110 FF

Inhalt

Zu Gast an der Côte d'Azur 5

Top Ten von Merian 10
1. Fondation Maeght   2. Insel Saint-Honorat   3. Notre-Dame-du-Brusc bei Valbonne   4. Das Bergdorf Mons
5. Picasso-Museum in Antibes   6. Rosenkranz-Kapelle in Vence   7. Promenade des Anglais in Nizza   8. La Celle in Brignoles   9. Renoir in Les Collettes   10. Vallée des Merveilles

Magazin 12 · **Essen und Trinken** 18 · **Hotels und andere Unterkünfte** 26 · **Einkaufen** 27 · **Feste und Festspiele** 29 · **Strände** 31 · **Sport** 37 · **Natur und Umwelt** 37

Routen und Touren 41
Mit dem Auto 41: Route Napoléon · Durch die Nizzaer Berge · Die Schluchten von Daluis und Cians · Durch das Massif des Maures
Zu Fuß 42: In den Alpes Maritimes

Orte und Ziele in der Umgebung 43
Antibes 43: Biot · Cagnes-sur Mer · Mougins · Saint-Paul-de-Vence · Vallauris · Vence
Cannes 48: Le Cannet · Corniches de l'Estérel
Fréjus 52: Draguignan · Fayence
Grasse 55: Bar-sur-Loup · Cabris · Gourdon · Opio · Saint-Cézaire
Hyères 58: Bormes-les-Mimosas · Brignoles · Cabasson und das Cap Brégançon · Cavalaire-sur-Mer · Collobrières · Cuers · Halbinsel Giens · Inseln von Hyères · Le Lavandou · Le Luc · Le Royal – Canadel-sur-Mer
Menton 62: Contes · L'Escarène · Lucéram · Peille · Peillon · Roquebrune-Cap Martin · Sainte-Agnès · Sospel · Tende
Monaco 67
Nizza 69: Beaulieu-sur-Mer · Cap Ferrat · Eze-sur-Mer · Lantosque · Levens · Roquebillière · Saint-Martin-Vésubie · La Turbie · Utelle · Villefranche-sur-Mer
Saint Tropez 79: Cogolin · Gassin · Grimaud · Port Grimaud · Ramatuelle · Sainte-Maxime

Geschichte auf einen Blick 83 · **Info** 87 · **Register** 92

Zu Gast an der Côte d'Azur

Pinien über roten Porphyrfelsen, das Gelb von Mimosen in hellen Klüften, Kalkklippen gleich neben sanft landeinwärts gebogenen Stränden, die sich weit zur unbeschreiblichen Bläue ihrer Meereshorizonte öffnen. Weiße und gelbe Landhäuser unter flachen Ziegeldächern zeigen sich umgeben von üppigen Gärten voller Feigen-, Zitronen- und Mandelbäume, anmutig überdies verziert durch blühende Kaskaden von Oleander und Bougainvilleen. Und weit im Hintergrund halten die Gipfelketten der Seealpen alle rauhen Winde von der besonnten Riviera fern.

In der Tat: Wer mit Worten die Landschaft der Côte d'Azur zu schildern sucht, gerät immer wieder hart an den Rand der allzu klischeehaft eingefärbten Sprachbilder und nicht selten noch darüber hinaus. Ähnlich ergeht es auch den Malern, die angesichts dieser vom mediterranen Licht geradezu überschütteten Panoramen unversehens in Verlegenheit geraten – es sei denn, sie wichen aus ins stilistisch Umgedeutete und gar, wie Marc Chagall, zu Gleichnissen und Geheimnissen, die merkwürdigerweise bei all der augenfüllenden Helligkeit unter den Idyllen schlummern. Er hat, als sei es ganz selbstverständlich, die Palmenstaffeln und Häuserfronten von Nizza an der Engelsbucht in monochromem Blau gemalt und in die dreifach größere Himmelsfläche ein buntes Zwitterwesen gezaubert: eine fischschwänzige Göttin mit rotem Haar, die einen Riesenstrauß der prächtigsten Blüten in Händen hält und ausstreuen will. Oder man denke an Pablo Picasso, diesen bocksbeinigen Faun und Legendenbildner, der sich wie den Wein, das Brot und den Käse auch die Träume dieser Gegend zu eigen und künstlerisch gefügig machte.

Aber ehe der Zauber sich ganz und gar ausbreitet, muß doch zunächst die Oberfläche wahrgenommen und in etlichen Einzelheiten zwecks Übersicht geortet werden. Folglich: Riviera nennt man den schmalen Küstenstreifen der alten Landstriche Liguriens am Golf von Genua. Dessen östlicher Teil, von La Spezia bis Genua, heißt Riviera di Levante, und die westliche Hälfte, ungefähr zwischen Menton und Cannes, wird als Riviera di Ponente bezeichnet. Die letztere, die sich unter den Südhängen der Bergmassive von Estérel und Maures noch weiter nach Westen bis in die Umgebung der großen Hafenstadt Toulon fortsetzt, ist seit gut 100 Jahren unter dem poetischen Namen Côte d'Azur bekanntgeworden. An die noch verhältnismäßig junge Namenstradition knüpfen übrigens seit ein

St-Tropez ist in den Sommermonaten beliebtes Ziel ungezählter Touristen paar Jahren regionale Fremdenverkehrsämter an, indem sie das mittel- und hochgebirgige Hinterland der Provence und insbesondere der Seealpen so beharrlich wie absichtsvoll in die Alpes d'Azur »umzutaufen« bestrebt sind. Ganz abwegig sind solche Sprachwandlungen freilich nicht, denn außer im engen Umkreis der Flußmündungen stoßen die Gebirgsformationen hier nahezu überall mit vielen Kaps und Buchten unmittelbar an das Mittelmeer. Und das sämtlichen Farbenspielen der Gesteine und des Pflanzenkleides als beständiger Hintergrund beigegebene Blau – der Azur des Wassers nebst den helleren Tönungen des Himmels und der Bergkulissen – bildet unübersehbar den optischen Hauptakzent.

Betörende Düfte

Diese Küste also, wie Kurt Tucholsky schrieb, sie »spritzt vor lauter Licht« und versprüht ihre Farben in der Milde eines begünstigten Klimas, das dank der hohen Alpenwälle gegen kalte Nordströmungen abgeschirmt wird und in den unteren Lagen keine »richtigen« Winter zuläßt. Neben der angestammten Flora mit ihren Kastanien- und Kleineichenwäldern, den Trockenrasen und dem von Wildblüten bunt durchwirkten immergrünen Gestrüpp konnten auch Pflanzen aus noch heißeren Ländern hier heimisch werden. Kakteen, Agaven, Eukalyptus, Bambus und Mimosen haben sich als lebendige Teile der älteren mediterranen Vegetation ebenso behauptet wie Palmen und andere »Importbäume«. Mit diesem Artenreichtum übertrifft die Côte sogar die für ihre Vielfalt an Kräutern und blütentragenden Büsche berühmte innere Provence und – als sei es damit nicht schon genug – steigert sich zu einzigartigem Gepräge mit den für die örtlichen Parfum-Destillerien in dem Gebiet um Grasse auf weiten Flächen kultivierten Blumenfeldern. Veilchen, Mimosen, Nelken, Rosen und die igelförmigen Lavendelbüsche erfüllen vom zeitigen Frühling bis in den Sommer die gesamte Gegend mit ihrem unsichtbaren Gewölk der Düfte.

Grandiose Natur

Seltener als in den benachbarten provençalischen und italienischen Regionen sind Weinberge an der Côte und in ihrem auf den vielerorts karstigen Böden nicht allzu fruchtbaren Hinterland. Orangen- und Olivenbäume zwischen den Blumenäckern beleben recht freundlich das Landschaftsbild, bevor es über die vegetationsärmeren Mittelgebirgsschwellen zu jenen hohen Massiven ansteigt, in die mit grandiosen Schluchtlabyrinthen die schnellen Wasserläufe des Var, des Loup, des Cians und des Daluis ihre schäumenden Betten eingetieft haben. Noch höher hinauf geht es dann durch die alpinen Täler des Estéron, der Tinée, der Vésubie, der Roya und der Bévéra in ein Land voller reißender Wildbäche unter steilen Hangwäldern. Ein Land außerdem der saftigen Almen und der zwischen Geröllhalden und mageren Wiesen in noch höheren Lagen ganz still und unergründlich schweigenden Seen. Weil die Côte d'Azur in erster Linie für ihre gediegenen Seebäder berühmt ist und sich deshalb der traditionelle Fremdenverkehr in unmittelbarer Küstennähe konzentriert, weil andererseits auch die idyllische Provence von Avignon und Aix bis hinauf zu den Schluchten des Verdon in vergleichbarer Weise als klassische Ferienlandschaft des französischen Südens gilt: Gerade deshalb sind im weiten Umkreis zwischen dem Tal des Var, dem Nationalpark von Mercantour und dem mit seinen über 40 000 prähistorischen Felsritzungen bis heute rätselhaften Tal der Wunder (Vallée des Merveilles) bei Tende die Seealpen in touristischer Hinsicht noch immer so etwas wie ein »blinder Fleck« im Abseits der großen Tummelplätze. Daraus leiten sich die für manche Urlauber reizvollsten Kontraste her; von den proppevollen Badestränden gelangt man mit dem Auto, dem Bus oder dem Bummelzug oft binnen kaum einer Dreiviertelstunde empor in die ungestörte Bergeinsamkeit.

Gedächtnislinien der Vergangenheit

Den geschichtlichen Weg von der Natur- zur Menschenwelt kann man in derselben Region anhand teils außergewöhnlicher Monumente verfolgen und sogar räumlich nachvollziehen. Eine Exkursion von Nizza hinauf an die obere Roya und dann wieder abwärts nach Menton oder Monaco führt nämlich zugleich an der Gedächtnislinie der uralten Vergangenheit entlang. Von den Grabungsfunden im Nizzaer Museum »Terra Amata« in jenes Tal der Wunder, darauf zu den römerzeitlichen Arenen und Quellen von Cimiez zurück oder zum antiken Siegesdenkmal von La Turbie: Diese Tour bedeutet gleichsam einen zeitrafferartigen Ausflug durch die Geschichte. Dabei bewegt man sich aus der Stein- in die Eisenzeit und gelangt schließlich auf die epochale Route, die für das Reich der Römer sozusagen eine Straße der in Serie errungenen Siege gewesen war. Als deren Symbol ragt seit dem achten Jahr vorchristlicher Zeit das gewaltige Denkmal des Kaisers Augustus (die »Trophäe«) mit seinen hellen Marmormassen weit sichtbar über Land und Meer. 24 dorische Säulen über zwei wuchtigen Sockelgeschossen und, in 40 Metern Höhe, eine Kolossalstatue des Kaisers verkündeten die Botschaft, unterschrieben und beglaubigt durch meterhohe Goldlettern an der Wand: Alle 45 Stämme der Ligurer wurden geschlagen, gedemütigt und dem Imperium Romanum einverleibt.
Eine Vorbemerkung noch, ehe es mitten hinein in die Brennpunkte der Ferienfreuden geht. Selbst langjährigen Kennern der Côte d'Azur entgeht zumeist eine vielsagende Selbstverständlichkeit, obwohl sie schon auf den ersten Blick wahrgenommen werden kann.

Zum weit überwiegenden Teil liegen nämlich die Orte (von Nizza, Antibes, Fréjus und ein paar einstigen Fischernestern abgesehen) überhaupt nicht direkt am Meer, sondern wurden fast regelmäßig in gehörigem Abstand auf den Hängen oder an den Flanken der Bergausläufer gegründet. Dieses an der doch so offenen Küste etwas seltsam anmutende Phänomen hat sich aus geschichtlichen Untaten ergeben. Deshalb ist es schon ein wenig des Nachdenkens wert, wenn man sich beim friedlichen Sonnenbaden einmal vorzustellen sucht, wieviel Blutvergießen durch Piraten und landgierige Heerhaufen das Leben an der Côte in verflossenen Zeiten getrübt und überschattet hat. Die »auf die Höhen geflüchteten Dörfer« lassen überdies auch daran denken, daß den Einheimischen früherer Zeiten die reizvollen Aussichten auf den Azur des Meeres oft eher bedrückend erschienen sein mögen. Die Römer mutmaßten in Kriegsberichten sogar, daß in den Wäldern und auf bestimmten Klippen obskure Gottheiten durch Menschenopfer um Verschonung vor weiteren Invasoren gebeten worden sind. Aber derartige Spekulationen, da zeitlich schon tief in den Mythen versunken, geben sich um einiges ungewisser und blasser als die weit jüngeren Sensationen um erfolglose Spielernaturen, die sich z. B. nach einer Pechsträhne im Casino von Monte Carlo aller fatalen Verpflichtungen und kurzerhand auch ihres Lebens eigenhändig durch einen »finalen Kopfschuß« entledigt haben. Derart skandalöse Vorfälle sorgten bei der Schickeria der Belle Epoque weit nachhaltiger für erregenden Gesprächsstoff als etwa soziale Konflikte mit und in der ansässigen Bevölkerung, die im Schatten der um die Jahrhundertwende rasant aufsteigenden Großbauten der Hotels und Vergnügungsstätten großenteil zu einem schieren Dienstbotendasein herabgewürdigt worden ist. Doch andererseits konnten sich dazumal nicht wenige Grundstückseigentümer durchaus auch eine »goldene Nase« verdienen; insofern hat hier der oftmals beklagte Ausverkauf des Küstenbodens bereits eine staunenswerte Tradition. Analog zu solchen Entwicklungen, die heutzutage wohl kaum noch zugelassen würden (?), kommen weder Behörden und Einheimische noch gar die Urlaubsgäste umhin, die eklatanten Bausünden der Vergangenheit achselzuckend hinzunehmen. Die in ähnlicher Weise aus Nichtwissen oder Fahrlässigkeit heraufbeschworenen und im Lauf der Jahrzehnte bedrohlich angewachsenen Umweltprobleme (etwa Abwässer- und Müllbeseitigung) werden nach langwierigen Diskussionen seit einiger Zeit zum Glück bereinigt.

Beschauliches Hinterland

Vor einem Ferienaufenthalt im Gebiet der Côte d'Azur ist unbedingt die reifliche Überlegung anzuraten, ob man sich eingedenk der oft übermäßig frequentierten Seebäder und Sonnenstrände nicht besser für ein Quartier im Hinterland entscheiden sollte. Von dort aus können dann je nach Belieben die Attraktionen an der eigentlichen Küste aufgesucht und wieder verlassen werden. Für eine solche Alternative spricht im übrigen auch das beträchtliche Preisgefälle, denn selbstverständlich wird man für Waren und Dienstleistungen in den touristischen Zentren erheblich stärker zur Kasse gebeten als in den ruhigeren Erholungsorten der Provinz. Des weiteren kann ein im Grunde gänzlich banaler Faktor sehr nachhaltig ins Gewicht (und auf die Nerven) fallen: Häufig und zur Sommerzeit sogar fast alltäglich kommt nämlich der Fahrzeugverkehr auf den Uferstrecken nur im Schneckentempo voran. Daraus ergibt sich wiederum ein Vorteil für die Urlaubsdomizile im Hinterland, von denen man über zahlreiche Verbindungsstraßen problemlos zu den Buchten, Felsklippen und Städten des Küstenstrichs gelangen und die Zwangsteilnahme an dem zähflüssigen Hauptstrom der Motorkarawanen meist auf ein erträgliches Mindestmaß beschränken kann. Im übrigen sind ja auch die kulturhistorischen Sehenswürdigkeiten und malerischen Bergdörfer zwischen Collobrières, Draguignan und Grasse weit abseits der Strandregionen vorzufinden.

Europäische Weltläufigkeit

Eine Mittagsrast hinter den Wällen von Antibes, eine Bootsfahrt zu den Inseln von Hyères oder der abendliche Bummel über die Promenade des Anglais in Nizza gehören zu den Erlebnissen, bei denen die vorherigen Wartefristen im Autostau der Zufahrtsstraßen alsbald in Vergessenheit geraten. Vielleicht ist es wirklich wahr, daß erst jetzt, nachdem das Reisen dank Demokratie und Wohlstand die meisten Europäer zu einer gewissen Weltläufigkeit befähigen kann, auch jene sogenannten »Normalbürger« für die bedeutsamen Wegzeichen und Werke der vordem als »elitär« verschrienen modernen Kunst viel Neugier, Interesse und mitunter sogar Verständnis aufzubringen imstande sind. Immerhin belegen die Jahresstatistiken der Kunstmuseen und Galerien eine von Saison zu Saison rasant ansteigende Besucherfrequenz.

Im Hinblick auf ihre zwei Superlative – die Fülle der Naturlandschaften und den Reichtum an Kunststätten – steht die Côte d'Azur den meisten Ferienregionen an den Nordufern des Mittelmeers voran. Damit verfügt sie zugleich über einen für den aktuellen und wohl auch den künftigen Fremdenverkehr unschätzbar wertvollen Vorrat an sehenswerten Zielen. Daß diesen außergewöhnlichen Vorzügen die längst optimal entwickelte Struktur der Freizeitanlagen für Spiel und Sport, die ungezählten Festivals, kulturellen Veranstaltungen jeglicher Art und nicht zuletzt auch die kulinarisch erlesene Tradition bestens zustatten kommen, bedeutet, kurz gesagt, nichts weniger als wahrlich höchste Lebensqualität.

Top Ten von Merian

Zehn Höhepunkte an der Côte d'Azur, die sich kein Besucher entgehen lassen sollte.

1. Fondation Maeght
Das Festungsdorf Saint-Paul-de-Vence, fünf Kilometer von Vence entfernt, wurde in den zwanziger Jahren von Paul Signac und seinen Künstlerfreunden als malerisch-kreatives Zentrum entdeckt. Seither ist es als Touristenziel zu großer Beliebtheit gelangt. Ein Besuch lohnt sich vor allem wegen der nach 1960 auf dem Gardettes-Hügel errichteten Fondation Maeght: Diese wahrhafte »Pilgerstätte« der modernen Kunst von Weltrang ist kein Museum im herkömmlichen Sinn, sondern erscheint als optimal arrangiertes Miteinander von gärtnerischer und architektonischer Gestaltung, wohinein grandiose Kunstwerke gesetzt wurden (S. 47).

2. Insel Saint-Honorat
Fern vom Straßenverkehr sowie dem hektischen Getriebe in Cannes und seiner Umgebung liegen die Lérins-Inseln als stille und naturschöne Refugien vor der Küste. Die Klosteranlage auf Saint-Honorat, begründet von dem aus Trier gebürtigen und in den ägyptischen Wüstenklöstern geschulten Honoratius, erinnert über die sichtlich edlen Baugruppen hinaus an ihre geschichtlich herausragende Bedeutung als Ursprungsort des abendländischen Mönchtums (S. 46).

3. Notre-Dame-du-Brusc bei Valbonne
Unter zahlreichen Bauwerken, die mit romantisch verwinkelten Ensembles die mehr als 2000jährige Kulturgeschichte an der Côte d'Azur spiegeln, ist die frühromanische Kapelle östlich von Grasse der vielleicht geheimnisvollste Ort. Vor- und frühgeschichtliche Steine in den Mauern und anderweitige Fragmente beweisen, daß hier, auf einem vormals ligurischen Kultplatz, die christlichen Glaubensbringer das Erbe »aus abgöttischen Zeiten« geschickt zu nutzen wußten.

4. Das Bergdorf Mons
Das kleine Bergdorf unweit Fayence verfügt über einen sehr anmutigen und ringsum durch Häuser abgeschirmten Platz. In der »Auberge Provençale« (Mi geschl.) findet man einen kulinarisch angenehmen Ruhepol, bevor es weiter zur etwa zwölf Kilometer entfernten Siagnole-Karstquelle geht mit mächtig schäumendem Wasserlauf. Ringsumher ligurische und römerzeitliche Relikte, wie etwa Mauerreste eines römischen Aquädukts.

5. Picasso-Museum in Antibes
Die Sammlungen von Zeichnungen, Graphiken, Gemälden und Keramiken, die Picasso, seit er 1946 die Côte d'Azur zum hauptsächlichen Aufenthalt wählte, hier an der Côte d'Azur angefertigt und hinterlassen hat, werden eindrucksvoll im Grimaldi-Schloß präsentiert (S. 44).

6. Rosenkranz-Kapelle in Vence
»Das Ergebnis eines ganzen arbeitsreichen Lebens« und des weiteren »der Ausdruck einer enormen, aufrichtigen und schwierigen Anstrengung«: So hat Henri Matisse persönlich dieses Gesamtkunstwerk charakterisiert. Bei der Ausmalung der Kapelle gelang es ihm, eine unvergleichliche Raumwirkung zu erzielen (S. 47).

7. Promenade des Anglais in Nizza
Mit den Prunkfassaden der großen Hotels und den Palmenwipfeln gilt diese mondäne Uferstraße an der Engelsbucht weltweit als ein einziges Gleichnis für die Tradition und die Noblesse des französischen Südens als Ferienlandschaft (S. 71).

8. La Celle in Brignoles
In der Schloßkapelle der provençalischen Grafen werden die Reliquien des hl. Ludwig von Anjou aufbewahrt. Die Ordenszentrale der Tempelritter und die 1000jährige Erlöserkirche weisen ihrerseits auf religiöse Traditionen hin, indes der Dolmen von Adrets auf noch viel ältere Wurzeln deutet. Am spektakulärsten haben die Benediktinerinnen der Abtei »de la Celle« im 13. Jahrhundert mit ihrem freizügigen Lebenswandel die Legendenbildungen im Bereich dieses kultgeschwängerten Ortes wuchern lassen (S. 60).

9. Renoir in Les Collettes
Das zum Museum gewordene Haus, in dem Auguste Renoir seinen Lebensabend verbrachte, gilt vielen Besuchern als die größte Sehenswürdigkeit von Cagnes-sur-Mer. Über die Begegnung mit den ausgestellten Kunstwerken hinaus vermittelt es nahegehende Eindrücke von der Imagination und Schaffenskraft des Malers (S. 47).

10. Vallée des Merveilles
Anders als die meisten Attraktionen im Großraum der Alpes Maritimes und der Küste fordern die rund 40 000 Felszeichnungen an den Hängen des Mont-Bégo denen, die sie besichtigen möchten, zuerst ein wenig Mühe ab. Aber weil sie eben nur über Wanderpfade erreicht werden können, zählen diese rätselhaften Kunstwerke der vorgeschichtlichen Epoche zu den schönsten Zielen der gesamten Landschaft (S. 67 und 78).

Magazin

Informationen zu Lebensart und Landeskunde, Architektur, Kunst und Politik.

Antike Stätten und rätselhafte Relikte erstaunlich vieler Kulturkreise und Völkerschaften der früheren Geschichte sind noch überall an der Côte d'Azur zu finden. So beweist etwa der große Heerweg der *Via Aurelia* nebst Resten anderer Römerstraßen den seinerzeit strategisch entscheidenden Wert dieses zu allen Jahreszeiten frei begehbaren »Korridors« zwischen den Seealpen und dem Meer.

Calanques, die scharf ins Küstengestein eingeschnittenen »Fjorde des Mittelmeers«, sind das geologische Werk reißender Schmelzbäche am Ende der Eiszeit. Ihre von bizarren Klippen geprägten Landschaftswinkel, mancherorts vielbesuchte Tummelplätze für Wassersportler und Bergsteiger, beherbergen an unzugänglichen Stellen eine so vielgestaltige wie rar gewordene Flora.

Denkmälern begegnet man an der Côte d'Azur – neben den Stein- und Eisengußmonumenten zur Erinnerung an die Opfer beider Weltkriege – auch immer wieder in Form von hübsch gestalteten und mitunter durch ansehnliche Skulpturen verzierten Brunnenanlagen. Seien es die riesigen Statuen am Brunnen der Verbündeten auf dem Freiheitsplatz in Toulon, Picassos »Schafträger« mitten auf dem Markt in Vallauris, der seltsame »Löwenjäger« von Pignans oder jene fahnenschwingende Catarina Ségurana, die als »Jeanne d'Arc du Midi« und Retterin von Nizza (1543) legendären Ruhm erlangte: Weit mehr als lange Abhandlungen können derart »unsterbliche« Heroen oder Originale typische Eindrücke von örtlicher Tradition vermitteln.

Exilanten aus den vom Nationalsozialismus beherrschten Ländern fanden im französischen Süden nach 1933 immer wieder Unterschlupf. In und um Marseille, das damals für viele buchstäblich »Europas Notausgang« war, drängten sich ungezählte Flüchtlinge, unter denen Literaten wie Bertolt Brecht, Thomás und Heinrich Mann und Lion Feuchtwanger die prominentesten waren.

Haut-Pays bedeutet »Hochland« und weist auf die häufig verkannte Tatsache hin, daß die französische Riviera beileibe nicht an den mittelgebirgigen Ketten der Massive gleich hinter dem Küstenstreifen endet. Vielmehr gehört die Region mit ihrer »oberen Etage« schon ganz und gar zum alpinen Raum.

Calanques nennt man die »Fjorde des Mittelmeeres«

Inseln – der kleine Archipel der *Iles d'Hyères* (Porquerolles, Port-Cros und du Levant) war schon zur Antike ein Stütz- und Orientierungspunkt für griechische Seefahrer. Im Mittelalter hausten hier Piraten, und 1634 wurden auf Geheiß des Kardinals Richelieu auf den Eilanden Festungsbauten errichtet. Heute ist *Porquerolles* ein beliebtes Ferienziel, desgleichen auch *Port-Cros*, das überdies zum Naturschutzgebiet erklärt wurde, und die *Ile du Levant* gilt abseits einer militärischen Sperrzone als Nudistenparadies. Im Meer vor Cannes bilden die Inseln *Sainte-Marguerite* und *Saint-Honorat* sowie die unbewohnten *Iles de la Tradelière* und *Saint-Féreol* die geschichtlich bemerkenswerte Gruppe des Archipels von Lérins.

Künstler haben – analog zur Entwicklung des Fremdenverkehrs – die Côte d'Azur zu einer veritablen »Küste der Künstler« und zu einem phänomenalen Kristallisationsort kreativer Kräfte für die Kunst des 20. Jahrhunderts gemacht. Die bekanntesten Künstlernamen markieren und beweisen den Anspruch: *Paul Signac* kommt als malendem »Entdecker« der Côte d'Azur das Verdienst zu, den grandiosen »Reigen« der Künstler in Saint-Tropez begründet zu haben; *Pierre Bonnard, Georges Braque, André Derain, Georges Seurat* und *Henri Matisse* gehörten zu den Impressionisten, Pointillisten und Fauves, die seinen Einladungen Folge geleistet hatten. *Chagall* hatte sich nach dem Zweiten Weltkrieg an der Côte niedergelassen. *Cocteau* schmückte auch den Hochzeitssaal im Rathaus sowie in Villefranche die Peterskapelle (Chapelle Saint-Pierre) mit Fresken aus. 1947 malte *Max Beckmann* sein berühmt gewordenes Bild mit dem Motiv der »Promenade des Anglais«, und *Max Ernst* wohnte zurückgezogen in Seillans bei Grasse. Wie *Braque, Cocteau, Man Ray* und *Luis Buñuel* hielt sich auch *Alberto Giacometti* gern im »kubistischen Schloß« von Hyères auf; etliche seiner Skulpturen werden in den Sammlungen der »Fondation Maeght« (Saint-Paul-de-Vence) gezeigt, die eine wahre Schatzkammer der modernen Kunst darstellt. Arbeiten von *Hans Arp, Wassily Kandinsky, Paul Klee, Joan Miró* und *Antoní Tapiès* gehören hier zu den wichtigsten Meisterstücken. In Biot enthält das »Musée National« wiederum eine dem Lebenswerk eines einzigen großen Künstlers, *Fernand Léger*, gewidmete Sammlung. *Raoul Dufys* Gemälde im Nizzaer »Musée Chéret« spiegeln neben den gleichfalls dort hängenden Arbeiten von *Claude Monet, Auguste Renoir, Edgar Degas* und *Alfred Sisley* viel Atmosphärisches von der Côte.

Wie *Claude Monet*, dessen Antibes-Gemälde diese mediterrane Kunstzone in aller Welt berühmt machten, ist *Auguste Renoir* für Cagnes-sur-Mer so etwas wie ein künstlerischer »Publikumsmagnet« geworden. Im Landhaus »Les Collettes« brachte er seine letzten Lebensjahre zu; das »Musée-Ile-de-France« von Saint-Jean-Cap Ferrat und das »Musée Chéret« beherbergen mehrere seiner hier entstandenen Gemälde. In Cagnes arbeiteten auch *Chaim Soutine* und *Félix Vallotton*, indes im benachbarten Antibes das »Musée National Pablo Picasso« gleichsam einen Wallfahrtsort für die Bewunderer des wohl berühmtesten Meisters der Moderne bildet. Noch mancherorts hat *Picasso* im Umkreis der Côte gelebt, gearbeitet und, nicht nur in Museen, seine Werke hinterlassen.

Literaten haben sich an der Côte in vielgestaltiger Weise durch Kunst und Landschaft inspirieren lassen. *Paul Eluard* und *Jacques Prévert* fanden sich bei Picasso sowie im weiteren Kreis der Symbolisten, Kubisten und Surrealisten in Antibes ein. *Guillaume Apollinaire* schrieb über die seltsamen Votivtafeln in der Wallfahrtskirche Notre-Dame-de-Laghet. *Gustave Flaubert* hat von Menton geschwärmt, und *Stephen Liégeard* ist es gewesen, der mit seinem Buch »La Côte d'Azur« (1887) der Küstenregion erstmals ihren seither beibehaltenen Namen verlieh. *Guy de Maupassant* sah und schilderte die Landschaft enthusiastisch mit »ihrer täglichen Wiederholung wunderbarer und maßloser Effekte«. *William Somerset Maugham* wohnte fast vier Jahrzehnte lang in der Villa »La Mauresque« auf dem Cap Ferrat. *Sidonie-Gabrielle Colette* hegte 14 Jahre ihren Garten auf der Halbinsel von Saint-Tropez.

Auch deutsche Autoren, die zu friedfertigeren Zeiten als die Exilanten wie *Brecht, Feuchtwanger* und die *Gebrüder Mann* hierhergekommen waren, empfingen reiche Anregungen für ihre Arbeiten. *Kurt Tucholsky* bei seinen »Wandertagen in Südfrankreich« 1925 genoß das Licht, die Luft und die Farben. Tucholsky: »Daß man den lieben Gott um seine Jahreszeiten betrügen kann«, verwunderte er sich und fügte hinzu: »Der kleine Taschenkalender zeigte auf Winter, aber das Land lag in dem hellen Licht eines Vorfrühlingstages – reingefegt die Wege, strahlende Wärme, die meisten Bäume kahl, aber mit einem hellen, grünlichen Schimmer um die Spitzen. Der Himmel war weißlich-blau, es spritzte nur so von Licht.«

Musiker wie *Ella Fitzgerald* und *Duke Ellington* kamen nicht bloß zu Festivals an die Küste. *Camille Saint-Saëns* komponierte Musikstücke eigens für die Garnier-Opéra in Monte Carlo. Konzertereignisse begleiten und bereichern auch solche Großveranstaltungen wie die Filmfestspiele von Cannes. Grasse ist hingegen Schauplatz der »Rithma«-Festivals, indes Lérins seine »musikalischen Nächte« und Menton ebenfalls »Nocturnes nach Noten« offerieren. Folklore-Veranstaltungen im großen Stil stehen auf dem Kulturfahrplan für Nizza. *Isaac Albéniz, Hector Berlioz, Jacques Offenbach* und *Niccolò Paganini* können gewissermaßen für jene Akzente der »Belle Epoque« bürgen, die mittels beschwingter Eleganz etwas vom Flair der azurnen Küste aus Partituren herausklingen lassen.

Napoleon warb als verliebter Offizier vergeblich um ein kleines Mädchen in der Nizzaer Rue de Villefranche Nr. 6. Es heißt, die erst 14jährige Tochter seiner Vermieterin habe Napoleons recht steifbeinig unternommenen Annäherungsversuchen mit ziemlicher Leichtigkeit widerstehen können. Das war im Jahr 1793, und man darf getrost ein wenig darüber spekulieren, ob Napoleons Biographie und damit Europas Geschichte am Ende vielleicht anders verlaufen wäre, hätte Emilia Lorenti den späteren Feldherrn und Imperator nicht so lässig abgewiesen. Aber nicht etwa an diese delikate »Affaire« erinnert die heute touristisch interessante »Route Napoléon«, sondern an den jetzt von Denkmälern und Inschrifttafeln flankierten Weg, den der Kaiser 1815 nach der Verbannung auf Elba vom Landungsort Golfe-Juan bei Antibes über Grasse und den Paß von la Faye hinauf in die Alpen und weiter ins innere Frankreich gezogen war.

Pinienzapfenzug heißt der »Train des Pignes«, der Nizza mit Digne verbindet. Jeden Tag begeben sich vier Züge auf die 150 Kilometer lange Strecke vom Südbahnhof in Nizza aus (Gare du Sud; Tel. 93 88 28 56 und 93 93 94 88). Die vielfach gewundene Schmalspurstrecke folgt dem Flußlauf des Var und wird, vorüber an 65 kleinen Haltepunkten, in ungefähr drei Stunden zurückgelegt. Die gemächliche Fahrt durch mal fruchtbare und mal kärgliche Flächen, durch Wälder und durch freundliche Dörfer vermittelt interessante Eindrücke vom Wechsel der landschaftlichen Eigenheiten.

Mimosen – ein kostbarer Grundstoff für Parfum

Roya-Orgeln bilden unter den kunsthistorisch bemerkenswerten Sehenswürdigkeiten, die im Verzeichnis der französischen Nationalmonumente geführt werden, einen außergewöhnlichen Schatz: Die sieben kostbaren Instrumente befinden sich in einem nur 30 Kilometer langen Abschnitt des sogenannten »Orgeltals« der Roya. Sie wurden von lombardischen und toskanischen Orgelbaumeistern gefertigt und sind in ihrer klanglichen Eigenart vor allem zur Wiedergabe barocker Musik geeignet.

Tanneron heißt der 519 Meter hohe Gebirgsstock, dessen Hänge gegen das untere Tal der Siagne und bis ins Stadtgebiet von Mandelieu La Napoule hinunterreichen. Der Tanneron hüllt sich, während anderwärts noch Winter herrscht, in ein leuchtend gelbes Pflanzenkleid blühender Mimosen.

ULM ist ein Hinweisschild an der »Route Napoléon«, ungefähr auf halbem Weg zwischen Grasse und Castellane, und wer es entdeckt, hat sich keineswegs nach Süddeutschland verfahren, sondern ist beim Oberlauf des Loup in die Nähe einer der Straßenabzweigungen nach Andon gelangt, wo für Sportpiloten ein regelrechtes »Mekka« liegt. In dieser naturschönen Umgebung wirbt die »Ecole ULM« mit Ausbildungskursen im Schnellverfahren um neue Segelflugfans (Auskunft: Tel. 93 60 73 66 oder 94 67 18 43).

Var heißt auch der Fluß, nach dem das Département beiderseits der Autobahn »La Provençale« (A 8) bezeichnet ist. Es erstreckt sich in Nord-Süd-Richtung von den Schluchten des Verdon am Rand der

Alpes de Haute-Provence bis zu den Inseln vor Hyères. Zu ihm gehören die Massive der Maures und des Estérel, und seine Küstenlinie zwischen Toulon und Cannes beläuft sich auf insgesamt 320 Kilometer Länge (fast das Dreifache der Luftlinien-Entfernung).

Waldbrände machen allsommerlich Schlagzeilen und beeinträchtigen den Fremdenverkehr stellenweise erheblich. Und wohl niemand wird beim Anblick der verkohlten ehemaligen Waldflächen teilnahmslos bleiben können. Sie sind alarmierende Beweise für die verheerenden Schädigungen des ökologischen Gefüges durch Menschenhand, teils fahrlässig und (am häufigsten) durch Brandstiftung hervorgerufen.

Zikaden sind mit ihren schnarrenden Lauten überall in den ländlichen Bezirken eine ständige Fahrten- und Wanderbegleitung. Das unscheinbare Aussehen der Insekten entspricht der klanglichen Dominanz ihrer Gesänge kaum, deren für das Menschenohr vernehmbare Schallwellen sich immerhin in einem 600-Meter-Radius ausbreiten. Ursache dafür ist ein seitlich am Hinterleib sitzendes Organ, eine durch Muskelkontraktionen bis 400mal in der Sekunde vor- und zurückschnellende Membran, die ungefähr nach Art eines Blechdosendeckels funktioniert. Daß nur die Männchen die Laute produzieren, war schon dem altgriechischen Dichter Xenarchos bekannt, der sich zu der scheinbaren Spruchweisheit hinreißen ließ: »Glücklich leben die Zikaden, denn sie haben stumme Weiber.«

Kunstmuseen an der Côte

Musée Fragonard, Grasse
In einer Villa aus dem 17. Jahrhundert erinnert der Ort an seinen großen Sohn (S. 56).

Musée Matisse, Nizza
Wo der Künstler seinen Lebensabend verbrachte, wird heute sein Werk gezeigt (S. 75).

Musée Picasso, Antibes
Des Meisters Atelier mit Arbeiten aus den Jahren 1946–47 (S. 44).

Musée Renoir, Cagnes-sur-Mer
Sammlung zu Leben und Arbeiten des Impressionisten (S. 47).

Musée des Beaux-Arts, Nizza
Manieristischer Bau von 1878 mit Meisterwerken von Fragonard bis Picasso (S. 74).

Musée Jean Coctaeu, Menton
Mosaiken, Keramiken und Zeichnungen erinnern an den vielseitigen Ehrenbürger von Menton (S. 65).

Musée Marc Chagall, Nizza
Die einzigartige und weltweit größte Chagall-Sammlung und ein Konzertsaal mit Glasfenstern des Künstlers (S. 75).

Essen und Trinken

Zu den bis heute hartnäckig verbreiteten Illusionen zählt leider auch die von vielen Gastronomen an der Côte aus purem Zweckoptimismus unwidersprochen geduldete und sogar geförderte Behauptung, in jeder zünftigen Bouillabaisse seien die vor der hiesigen Küste gefangenen Fische geschmacklich tonangebend. Ein schieres Märchen wird dem gutgläubigen Urlaubsgast hiermit aufgetischt. Schon ein einziger Blick über die im Vergleich zu den Freizeitkreuzern verschwindend kleine Zahl der Fischerboote in jedem beliebigen Hafen und ein zweiter auf die vielen Fischesser in fast jedem Restaurant läßt das Mißverhältnis erkennen. Inzwischen kommen die zur Bouillabaisse verarbeiteten Fische längst zum wohl überwiegenden Teil aus Fanggründen vor der algerischen und auch der atlantischen Küste, was man aber selbst als passionierter Gourmet beim Verzehr freilich nicht herausschmecken kann.

Eine der Bouillabaisse vergleichbare Spezialität der Küste ist die *Soupe de poissons*: Dafür werden »Felsenfische« verwendet und Safran als wichtigstes Gewürz. Im Fischsud gekochte und mit Parmesan bestreute Spaghetti werden dazu serviert. Das bekannteste Gericht der Region ist jedoch der Nizza-Salat, *salade niçoise*, angerichtet mit Rettich, Ei, Oliven, Bohnen, Tomaten, Piment, Thunfisch und Anchovis. Gnocchi und Ravioli à la niçoise, die mit Petersilie und Knoblauch gewürzte und mit Olivenöl übergossene Tomate à la provençale, die auf ähnliche Weise zubereiteten Auberginen und Courgetten sowie die zusätzlich mit Pfefferschoten angereicherte Ratatouille zählen ebenfalls zu den weitverbreiteten und in sehr vielen Restaurants angebotenen Spezialitäten. Nicht zu vergessen der sogenannte »Teufelssenf«, die aus zerquetschtem Knoblauch und Mayonnaise nebst Gewürzzugaben bestehende Sauce »Aïoli«, die sowohl zu Fisch und Hammel als auch zu Gemüsen vortrefflich mundet. Die Schafzucht im Gebiet des Var und der Seealpen bereichert die regionalen Menüs natürlich um köstliche Leckerbissen nicht nur in Form würziger Käsesorten, sondern auch um Gerichte wie die *Pieds-paquets*: mit Pökelfleisch, Petersilie, Zwiebeln und Knoblauch gefüllte Kaldaunen, die in Weißwein und mit Tomaten gegart werden. Als Mouton de Haut-Provence werden übrigens die Schafe bezeichnet, deren Fleisch durch die kräuterreichen Weideflächen und Lavendelfelder als Braten eine ganz besondere Qualität erhält. Im Gebiet der Roya, aber auch von dorther in die Küchen der Küstenstädte geliefert, wird oftmals Wild für den Speisezettel verarbeitet, zu dem selbstverständlich ein fülliger Rotwein aus den Lagen von Bandol, Cassis oder Ollioules vorzüglich mundet. Die roten und Roséweine der Côtes de Provence kommen nicht nur aus den

Anbaugebieten des entfernteren Hinterlands, sondern werden auch im Bereich der Maures und nahe Saint-Tropez kultiviert. Ramatuelle, Puyloubier, Bormes, Les Arcs und Taradeau sind darunter die relativ bekannteren Lagen. Aber auch an manchen Talhängen des Var und in der Umgebung von Nizza und Menton gedeihen recht edle Gewächse, etwa Château de Crémat, Bellet oder Villars. Liköre wie die »Sénancole« (aus der Abtei Sénanque) und die »Lérinade« runden die flüssige Palette und die Gaumenfreude ab.

Besondere Gewohnheiten oder gar »Rituale« beim Verzehr der Köstlichkeiten kennt man nach Gebrauch und Sitte der gesamten Region eigentlich kaum. In den gediegenen »Tempeln des kulinarischen Genusses« geht es im Grunde international und wie auch in allen sonstigen Gaststätten nach gutfranzösisch-altbewährten Manieren zu. »Urige« Fischerkneipen sind die Ausnahme, während mancherorts die Fast-food-Futterkrippen auch an der Côte ihre freiwilligen Mit-Esser gefunden haben. Desgleichen sind auch die Chinesen auf dem Vormarsch.

Getränke- und Speisenlexikon

Getränke
alcools blancs: Obstschnäpse

Bénédictine: Likör aus 27 verschiedenen Kräutern
bière blonde (noire): helles (dunkles) Bier
boisson: Getränk
bouteille: Flasche
brut: trocken, herb (Champagner)

calvados: Apfelschnaps
camomille: Kamille
carafe: Karaffe
carte des vins: Weinkarte
citron pressé: frisch gepreßter Zitronensaft
coup: Schoppen
crème: süßer Likör
cru: Weinlage
cuvée: Verschnitt, Weinsorte

dégustation gratuite: kostenloser Probeausschank (Weinprobe)
demi: halb
demi-sec: halbtrocken
digestif: Verdauungsschnaps

eau: Wasser
eau gazeuse: Selterswasser

eau naturelle: natürliches Mineralwasser (ohne Kohlensäure)
eau minérale: Mineralwasser
eau (non) potable: Wasser (nicht) zum Trinken
eau de vie: Branntwein (klare Schnäpse)

glaçon: Eiswürfel
goutte: Tropfen

jus: Saft

lait: Milch (*lait entier:* Vollmilch)

marquise: Schorle
menthe verte: Pfefferminzlikör
mis en bouteille: Flaschenabfüllung (Herkunftsbezeichnung)
mousseux: schäumend

ouvre-bouteille: Flaschenöffner

panaché: Bier mit Limonade
poiré: Birnenmost
pressé: ausgepreßt
à la pression: Bier vom Faß

rafraîchis: Sammelbegriff für Erfrischungsgetränke

20 Essen und Trinken

sirop: Fruchtsirup zum Verdünnen
sirops: Sammelbegriff für alkoholfreie Getränke

thé: Tee

vermouth: Wermut
verre: (Trink-)Glas
vin de l'année: junger Wein (gleich nach der Lese)
vin blanc: Weißwein
vin rouge: Rotwein
vin fin: Spitzenwein
vin en fût: Faßwein
vin mousseux: Schaumwein
vin nouveau: junger Wein, Federweißer
vin de pays: Landwein
vin du pays: Wein des jeweiligen Landstrichs
vin de table: Tischwein
vin vieux: (alter) Wein im besten Reifestadium

Speisen

abats: Innereien
able/ablette: Weißfisch
abricot: Aprikose
acquit: Quittung
addition: Rechnung
agneau: Lamm
aïado: Lammrollbraten
aiglefin: Schellfisch
aïgo-boulido: Kräuter-Knoblauchsuppe mit Käse
aïgo-saou: Fischsuppe
aiguillette de canard: Entenbrustfilet
ail (à l'aïl): Knoblauch (mit Knoblauch)
aïoli: Knoblauch-Mayonnaise
aillade: Knoblauch-Brühe
alcool: Alkohol
aloyau: Lendenbraten
alpage: Bergkäse
alouettes sans tête: Rinderrouladen
amandes: Mandeln
amuse-gueule: appetitmachende kleine Vorspeise
anchois: Sardelle (Anchovis)
andouille: Schweinswurst aus Kutteln
andouillette: Wurstspezialität aus sauberst gewaschenen Därmen

à l'Anglaise: auf englische Art
anguille: Aal
artichauts: Artischocken
asperge: Spargel
assaisonnement: Würzung
assiette: Teller
assiette anglaise: kalte Platte (Fleisch und Wurst)
auberge: Ländliches Gasthaus (Restaurant)
aubergines: Auberginen (diverse Füllungen möglich)

baguette: langes Weißbrot
ballotine: kleine Roulade
bambou: Bambus
banon: in Kastanienblätter gehüllter Frischkäse
bar: Barsch
barbeau (barbillau): Barbe
bardé: mit Speckstreifen umwickelt
bargue: Meerbutt
beignet: Krapfen
betterave rouge: rote Bete
beurre: Butter
beurre d'aïl: Knoblauchbutter
bien cuit: durchgebraten
bien fait: ausgereifter Käse
bifteck: Beefsteak
bifteck à la tartare: Hacksteak
bilibi: Muschelsuppe
biscotte: Zwieback
bisquebouille: Fischsuppe
blanquette: Ragout vom Kalb in weißer Sauce
bleu: blau – bei Fleisch soviel wie »englisch« gebraten
blettes, bettes: Mangold
bœuf: Ochse oder Rind
bœuf gardian: Steaks im Schmortopf
boudin de brochet: Hechtklößchen
bouillabaisse: Fischsuppe (auch, anders zubereitet: *bourride*)
bouilli: Suppenfleisch
bouillon de légumes: Gemüsebrühe
boulette: Fleischklößchen
braisé: geschmort
brasserie: Brauhaus; v. a. Bezeichnung für Cafés mit Mittags- und Abendtisch
brème: Brasse
brioche: Hefegebäck (meist zum Frühstück)

Essen und Trinken

broche: Bratspieß
brochet: Hecht
brochette: Spießchen

cabillaud: Kabeljau
cacahuètes: Erdnüsse
caille: Wachtel
caillebotte: Quark
calmar: Tintenfisch
canard: Ente
canard sauvage: Wildente
carbonade: Grillfleisch über Holzkohle
carotte: Mohrrübe
carré d'agneau: Lammrückensteak
carrelet: Scholle
carte: Speisekarte
carte du jour: Tageskarte
casse-croûte: Imbiß
cassoulet: Eintopf aus weißen Bohnen mit Gänsefleisch
céleri: Sellerie
cèpes: Steinpilze
cerf: Hirsch
cerfeuil: Kerbel
cerises: Kirschen
cervelle: Hirn
chanterelles: Pfifferlinge
chapon: Kapaun (kastrierter Hahn)
charbonnée: Rostbraten

charcuterie: Wurstaufschnitt
charlotte: süßes Dessert (mit Früchten)
chasseur: Jäger, auch für Jägersauce
châteaubriand: Grillsteak (für mehrere Personen zubereitet)
chatteries: Süßigkeiten
chaud: heiß
chèvre: Ziege, Ziegenkäse
chevreuil: Reh
choisi: ausgewählt
au choix: nach Wahl
chou: Kohl
choucroute: Sauerkraut
civet de porc: Schweinepfeffer
colin: Seehecht oder Schellfisch
commande: Bestellung
compris: inbegriffen
concombre: Gurke
confiserie: Süßwaren
coq: Hahn
coquilles, coquillages: Muscheln
cornichons: Gewürzgurken
côte: Rippenstück
côte d'agneau: Lammkotelett
côte de veau: Kalbskotelett
coupe: Becher (für Eis oder Früchte)
courgettes: Zucchini
cousinette: grüne Kräutersuppe
couteau: Messer

Die großen Markthallen bieten alles, was den Gaumen von Gourmets erfreut

Essen und Trinken

crabe: Krabbe
crème: Sahne
crêpes: Eierpfannkuchen
cresson: Brunnenkresse
crevettes: Garnelen
croissant: Frühstückshörnchen
croquant: knusprig
croustade: knusprige Pastete
crudités: Rohkostsalate
crustacés: Krustentiere
cuire: kochen
cuisine: Küche
cuit: gekocht

darne: Fischfilet
dauphin: würziger Weichkäse
daurade, dorade: Goldbrasse
déjeuner: Mittagessen
denté: Zahnbrasse
dents de lion: Löwenzahnsalat
dessert: Nachspeise
diabétique: Diabetiker
dinde: Pute
dindon: Truthahn, Puter
doux, douce: süß
dur: hart, zäh

échalote: Schalotte
écrevisses: Krebse
endives: Endiviensalat
entier, entière: ganz, unzerteilt
entrecôte: Zwischenrippenstück
entrée: Vorspeise
entremets: Zwischengerichte
épaule d'agneau: Lammschulter
épice: Gewürz
épicerie: Feinkostladen, Lebensmittelgeschäft
épinards: Spinat
escalope: Schnitzel
escargots: Weinbergschnecken
espadon: Schwertfisch
esturgeon: Stör

faisan: Fasan
fallette: gefüllte Kalbsbrust
farce, farci: Füllsel, gefüllt
faux-filet: Lendenstück vom Rind
fenouil: Fenchel
feu: Feuer
ficelle: sehr dünnes langes Weißbrot
filet: Lendenbraten

fin: fein
flambé: flambiert
flan: Pudding
flet: Flunder
flétan: Heilbutt
foie: Leber
foie gras: Stopfleber
foie d'oie: Gänseleber
fondue: Rührei mit Käse
à la forestière: nach Förster- bzw. Jägerart
fourchette: Gabel
au four: im Ofen gebacken
fourré: gefüllt
frais, fraîche: frisch
framboise: Himbeere
fricot: Ragout
frittons: in Fett gekochtes Fleisch
froid, froide: kalt
fromage: Käse
fruité: fruchtig
fruits: Früchte, Obst
fumé: geräuchert

gambas: Garnelen, Krabben
garbure paysanne: ländliche Gemüsesuppe
garçon: Kellner, Ober
garniture: Beilage
gâteau: Kuchen
en gelée: gesülzt
gibier: Wild
gigot: Keule
girolles: Pfifferlinge
glace: Eis
goulache: Gulasch
graisse d'oie: Gänseschmalz
à la grand-mère: nach Großmutters Art zubereitet
gratin: Auflauf, Überbackenes
grenade: Granatapfel
grenouille: Frosch
grillades: Gegrilltes
grillé: gegrillt

hachis: Gehacktes, Haschee
hareng mariné: Bismarckhering
haricots verts: grüne Bohnen
herbes de Provence: Kräuter der Provence
homard: Hummer
hors d'œuvre: Vorspeise
hors saison: außerhalb der Saison

Essen und Trinken 23

huile: Öl
huîtres: Austern

jambon: Schinken
jambonneau: Schweinshaxe
jarret: Haxe
jaune d'œuf: Eigelb
jouée: Schinkenpastete

laitue: Kopfsalat
langouste à la suchet: geschmorte Languste (auch: *à la provençale*)
langoustine: kleiner Panzerkrebs
langue de bœuf: Ochsenzunge
lapin: Kaninchen
laurier: Lorbeer
léger, légère: leicht bekömmlich
légumes: Gemüse
lentilles: Linsen
libre-service: Selbstbedienung
lièvre: Hase
longe: Lendenstück
lotte de mer: Seeteufel
lourd: schwer (verdaulich)
loup de mer: Wolfsbarsch (Seewolf)

macaron: Makrone
macaronade: Makkaroni überbakken
macédoine de fruits: Obstsalat
macéré: eingelegt
mâche: Feldsalat
madeleines: muschelförmiges Sandgebäck
maigre: mager
maquereau: Makrele
marcassin: Frischling
marron: Eßkastanie
matière grasse: Fettgehalt, Fettstufe
mêlé: gemischt
menthe: Pfefferminze
miel: Honig
millet: Hirse
mollet: zart, weich
morue: Kabeljau
moules: Muscheln
moulin à poivre: Pfeffermühle
moutarde: Senf (Mostrich)
mouton: Hammel, Schaf
myrtilles: Heidelbeeren

navets: weiße Rübchen
noisette: Haselnuß

noisettes d'agneau: Lammnüßchen
noix: Walnuß
note: Rechnung
nouilles: Nudeln

œuf: Ei
oie: Gans
oignons: Zwiebeln
os: Knochen

pain: Brot
pain russe: Schwarzbrot
palourde: Venusmuschel
panaché: vermischt, vermengt
pannequet: gefüllter Pfannkuchen
à la parisienne: auf Pariser Art
pastate: Süßkartoffel
pâte: Teig
pâté: Pastete
pâté des gibiers: Wildpastete
pâtisserie: Konditorei
paupiette: Roulade
pavé de saumon: Lachspastete in Gelee
pavot: Mohn
peau: Haut, Schale
pêche: Pfirsich
perche: Barsch
perdreau: junges Rebhuhn
perdrix commune: Rebhuhn
persil: Petersilie
petit déjeuner: Frühstück
petits-fours: Biskuittörtchen
petit gâteau: Teegebäck
petite marmite: kleiner Suppentopf
petits oignons: Perlzwiebeln
petits pois: Erbsen
pets de nonnes: Krapfengebäck
pièce: Stück
pieds de cochon: Schweinsfüße
pieuvre: Krake
pigeon: Taube
pigeonneau en terrine: Täubchen im eigenen Saft
pignons: Pinienkerne
piment doux: Paprika- oder Pfefferschote
pincée: Prise
pintadeau: Perlhuhn
piochon: Grünkohl
piquant: pikant, scharf
pissenlit: Löwenzahn
pistaches: Pistazien

Essen und Trinken

plat: Gericht, Platte
plat du jour: Tagesgericht
plateau de fromage: Käseplatte (als Nachspeise)
plie: Scholle
poêlé: in der Pfanne gebraten
à point: kroß gebraten (außen knusprig, innen rosa)
pointes d'asperges: Spargelspitzen
poire: Birne (auch: Birnenschnaps)
poireau: Lauch, Porree
poirée: Mangold
pois chiches: Kichererbsen
poisson: Fisch *(poisson de rivière:* Flußfisch)
poitrine: Brust
poivrade: Pfeffersauce
pomme: Apfel
pommes de terre: Kartoffeln
pompe: Obsttorte
porc: Schwein
porcelet: Spanferkel
portugaise: längliche Auster
pot: Topf
potage: Suppe
potée: Eintopf
pouchouse: Ragout von Süßwasserfischen in Weißwein
poularde: Masthuhn *(poule:* Henne)
poule-au-pot: gefülltes Hühnchen im Topf
poulet: Brathähnchen
poulpe: Tintenfisch
pourboire: Trinkgeld
pousses de bambou: Bambussprossen
poussin: Küken, Junghähnchen
praire: Venusmuschel
prêt: bereit, angerichtet
primeurs: Frühobst und Frühgemüse
à la provençale: auf provençalische Art zubereitet
pruneau: Back- oder Dörrpflaume
prunelles: Schlehen
pulpe: Mark, Fruchtfleisch

quart: ein Viertel (Viertelpfund)
quartier: Viertel, Teilstück
quenelles: Klößchen, Röllchen
queue: Schwanz

radis: Rettich
raisins: Weintrauben

ramequin: kleiner Käsekuchen
rapé: geraspelt, gerieben
rascasse: Drachenkopf (Meerfisch)
ratatouille: gemischtes Gemüse
réchauffer: aufwärmen
récolte: Ernte, Weinjahrgang
recommandé: empfohlen, empfehlenswert
relais: Landgasthof
revenir: anbraten
rillettes d'oie: Gänsepastete
ris de veau: Kalbsbries
rissoler: braun braten
riz au beurre: Butterreis
rocambole: Perlzwiebel
rognons: Nieren
romarin: Rosmarin
ronde de fromage: Käseplatte
rosbif: Roastbeef, Rostbraten
roses des prés: Wiesenchampignons
rôti: Braten, gebraten
rouille: scharfe rote Sauce
routier: Speisegaststätte

sablé: Sandgebäck
saignant: »englisch« gebraten
salade: Salat
salé: gesalzen
salle-à-manger: Speiseraum
sandre: Zander
sandwich (au fromage): belegtes Brot (mit Käse)
sanglier: Wildschwein
sanguette: Blutwurst
sardines à l'huile: Ölsardinen
saucisson: Schnitt- oder Brühwurst
sauge: Salbei
saumon: Lachs
sauté: geschmort
seiche: Tintenfisch
sel: Salz
semoule: Grieß
selle d'agneau: Lammrücken
service (non) compris: Bedienung (nicht) einbegriffen
servir: bedienen, auftragen
sole: Seezunge
sorbet aux fruits: Früchtesorbet
soubise: Zwiebelpüree
soufflé: Omelett, Eierauflauf
soupe: Suppe *(souper:* Nachtessen)
steak au poivre: Pfeffersteak
sucre: Zucker *(sucré:* gesüßt)

Essen und Trinken 25

Tausendjährige Ölbäume bei Cagnes-sur-Mer

tanche: Schleie
tarte: Obstkuchen
tartelette: Törtchen
tasse à café: Kaffeetasse
tendre: zart, mürbe
terrine: Schüssel
terrine maison: Topfpastete nach Art des Hauses
thon: Thunfisch
thym: Thymian
tiède: lauwarm
tortue: Schildkröte
tournedos: Lendenschnitte
tourteau: Taschenkrebs
train de côte: Rippenreihe
tranche: Schnitte, Scheibe

tripes: Kutteln, Innereien
truffes: Trüffeln
truite: Forelle
truite fumée: Räucherforelle
turbot: Steinbutt

vachard: Schnittkäse aus Kuhmilch
veau: Kalb, Fleisch vom Kalb
velouté: Crèmesuppe
venaison: Wildbret
vermicelle: Nudelsuppe
viande(s): Fleisch
vinaigre: Essig
volaille: Geflügel

yaourt: Joghurt

Hotels und andere Unterkünfte

In den bekannten Urlaubsorten hat die leistungsfähige Gastronomie seit vielen Jahrzehnten Maßstäbe gesetzt, denen auch die auf Zuwachs im Fremdenverkehr erpichten Gemeinden des Hinterlands nachzueifern suchen. So trifft man heute im gesamten Großraum Provence-Alpes-Côte d'Azur eine optimale Bandbreite und Mischung unterschiedlicher Beherbergungsbetriebe an, von der unbewirtschafteten Berghütte und der dörflich-einfachen »gîte d'étape« über den gemütlichen Landgasthof bis hin zu Häusern des gehobenen Standards und einer erstaunlichen Zahl an luxuriösen Nobelherbergen der Küstenstädte.

Grundsätzlich empfiehlt sich überall, gleich welche Kategorie man buchen und belegen möchte, eine sorgsame Auswahl und vor allem eine schriftliche Anmeldung. Dabei sollten über die bei den Ortsbeschreibungen in diesem Band erwähnten Adressen hinaus auch die ganz vorzüglichen Unterkunftsverzeichnisse zu Rate gezogen werden, die man auf Anfrage bei den regionalen Tourismusbehörden erhalten kann. Für das Departement Var (westlicher Küstenabschnitt): C.D.T. Var, 1, Boulevard Foch (B.P.99) in F-83300 Draguignan (Tel. 0033/94 68 58 33). Für das Departement Alpes-Maritimes (östlicher Küstenabschnitt und Seealpen): C.D.T. Riviera Côte d'Azur, 55, Promenade des Anglais in F-06000 Nice (Tel. 0033/93 44 50 59).

Preislich variiert die erwähnte Bandbreite von etwa 80 bis 1500 Francs je Übernachtung im Doppelzimmer, wobei die Kategorien durch die Vergabe von Sternchen in den Listen (und oft auch an den Hotelfassaden selbst) kenntlich gemacht werden.

Allerdings spielen auch die Standorte eine erhebliche Rolle; ein Drei-Sterne-Hotel im Hinterland kann erheblich kostengünstiger als eines mit nur einem Stern in Nizza oder Hyères sein. Die Sternskala bezieht sich vor allem aber auf den zu erwartenden Komfort. Es wäre dennoch ein Fehlschluß, wollte man aufgrund dieser einleuchtend wirkenden Kategorisierung etwa all denjenigen Häusern, die sich nicht mit einem oder mehreren Sternchen zieren, minderen Komfort zubilligen. Oft halten sich seriöse Gastronomen bewußt zurück.

In den Seealpen und den Landstrichen zwischen Var und Haute-Provence gibt es Hunderte ländlicher Gasthöfe, die unter den Bezeichnungen »gîtes communaux« und »gîtes ruraux privés« der Dachorganisation »Gîtes de France« angeschlossen sind.

Die Bezeichnung »refuge«, die man gelegentlich in Prospekten und Wanderkarten findet, gilt für Berghütten, in denen man mit Schlafsäcken nächtigen kann (keine Bewirtschaftung).

Einkaufen

Kein Wort des Mitleids für jene Zeitgenossen, die da glauben, ihren Urlaubsaufenthalt an der Côte d'Azur daheim anhand solcher Mitbringsel beglaubigen zu müssen, denen ein Flair von Extravaganz und möglichst noch ein Preisetikett anhaftet. Denn es muß doch einleuchten, daß die alljährliche Bade- oder Salonmode à *dernier cri* ganz woanders entworfen und angefertigt wird und daß man die guten und feinsten Stücke – wenn überhaupt – in Nizza oder Saint-Tropez auf jeden Fall nur mit beträchtlichem Aufschlag erhält. Und die Juweliere beispielsweise an den Tummelplätzen der betuchten Schichten bieten ihre Pretiosen im Schnitt um mindestens ein Fünftel teurer an als vergleichbare Geschäfte selbst in Paris. Wem es aber partout auf ein so wohlfeiles wie erlesenes Schnäppchen ankommt, der sollte sich lieber einmal in Grasse die an ihrem Herstellungsort in der Tat preiswerten Angebote der Parfumindustrie näher anschauen. Zudem handelt es sich hier nun wirklich um Spezialartikel von echt bodenständiger Natur. Bei freiem Eintritt können täglich die Parfumfabriken Fragonard, Galimard und Molinard besichtigt werden (im Sommer von 9–19 Uhr; ab 15. Okt.–5. Mai von 9.30–12 und 14–18 Uhr); Verkaufsstände sind jeweils vorhanden. Dieselben Öffnungszeiten gelten auch für zwei Glasbläsereien, in denen gleichfalls die Erzeugnisse vor Ort erworben werden können: Verrerie de Biot (Chemin des Combes in Biot) sowie die Verrerie du Domaine der Maure-Viel in Mandelieu. Beide Ateliers gestatten auch den Gang durch die Arbeitsräume ihrer Kunsthandwerker.
Nur an Nachmittagen sind Besichtigungen in den »Ruchers des Dieux« (Bienenstöcke der Götter) von Le Cannet-Rocheville möglich, in denen man außer Honig und Konditoreiwaren auch Naturkosmetika erwerben kann, die hier als relativ wenig bekannte Regionalspezialität hergestellt werden. Von November bis März geöffnet ist in Opio eine alte Ölmühle (Moulin de Roger Michel), der ein Verkaufslokal für landestypische Produkte angegliedert ist. Schließlich sind sowohl Besichtigungen als auch Verkauf von Töpferwaren eine für Touristen willkommene Gelegenheit in den Keramikateliers von Biot und Vallauris. Im letzteren, dem »Dorf der hundert Töpfer«, ist die Werkstatt »Le Janchrisly« zwar ganzjährig geöffnet, läßt aber Besichtigungen im Arbeitsbereich nur auf Voranmeldung zu (Tel. 93 64 13 71). Einkäufe diverser Artikel des Kunsthandwerks sind natürlich auch überall dort möglich, wo freischaffende Töpfer, Holzschnitzer, Steinmetzen, Weber oder Schmuckhersteller sich in kleinen Ortschaften niedergelassen haben, darunter nicht wenige »Aussteiger«, und auf mehr oder minder geschäftstüchtige Weise mit dem Interesse der Touristen spekulieren. Bei ihnen wird man

sicher noch am ehesten etwas Originelles ergattern können, indes die Läden und Galerien der größeren Urlaubszentren höchstens ausnahmsweise der individuellen Kreativität ihrer »Zulieferer« verpflichtet sind. Statt dessen bildet nunmehr den überwiegenden Teil ihrer Warenangebote fast in der Regel ein ausgesprochenes Arsenal anonymer Serienprodukte. Leider trifft letzteres zumeist auch für die beliebten *Santons* zu, jene buntbemalten Heiligenfigürchen aus Holz oder Ton, die noch bis Mitte der siebziger Jahre nach dörflich unterschiedlichen Traditionen gefertigt wurden, unterdessen aber längst zum maschinell hergestellten Massenartikel geworden sind. Ähnlich ist es inzwischen auch um die mit leuchtenden Phantasiemustern bedruckten Seiden- und sonstigen Feinstoffgewebe bestellt, die noch immer als »typisch provenzalisch« angeboten werden, nicht selten aber aus völlig anderen Weltgegenden stammen. Ohne Sach- und Fachkenntnisse sollte man des weiteren auch mißtrauisch in Reserve gehen, wenn man sich mit vorgeblich günstigen Angeboten zum Erwerb von »Originalgraphiken« bedeutender Künstler konfrontiert sieht. Wie überall auf diesem so sensiblen wie hochkarätigen Sektor sind auch an der Côte d'Azur mit ihrem finanziell enormen Kaufvolumen die international operierenden Fälscherorganisationen beileibe nicht untätig geblieben. Angeblich echte Antiquitäten sind ebenfalls nicht selten Fälschungen.

Dem Urlauber mit »Normalbudget« können die vorzüglichen Bildbände und qualitätsvollen Graphikreproduktionen, wie sie in den verschiedenen Museen zum Erwerb angeboten werden, gewiß erheblich mehr als bloß einen wohlfeilen »Ersatz« für unerschwingliche Originale bedeuten. Dies vor allem auch deshalb, weil vieles davon weder andernorts in Frankreich noch gar im deutschen Raum erhältlich ist. Desgleichen auch die bemerkenswerten Gelegenheiten im Madoura-Atelier von Vallauris: Dort bietet man neben kaum kostbarer Dutzendware eine Reihe von Keramiken an, die genau nach den von Pablo Picasso entworfenen Motiven hergestellt werden und insofern deutlich über die Eigenschaft simpler Kopien oder Duplikate hinaus eine gewisse Authentizität vermitteln.

Die tausend Kleinigkeiten des täglichen Bedarfs findet der Reisende in Supermärkten und Warenhäusern, die in aller Regel werktags von 9–18.30 Uhr geöffnet haben. Sonstige Ladengeschäfte schließen (nach einer Mittagspause von 12.30–15 oder 16 Uhr) gewöhnlich um 19 Uhr. Lebensmittelläden stehen samstags und Bäckereien auch meist am Sonntagmorgen zur Verfügung. Weil es aber keine dem deutschen Ladenschlußgesetz vergleichbaren Regelungen gibt, können diese Zeitangaben jedoch nicht als verbindlich, sondern nur als Orientierung für die regionalen Gepflogenheiten gelten, die jedem Geschäftsinhaber seinen individuellen Spielraum lassen.

Feste und Festspiele

Es hängt mit der touristischen Tradition zusammen, daß in den Städten an der Küste aus altem Brauchtum vielfach solche Spektakel geworden sind, bei denen nunmehr der Schaueffekt wichtiger als der ursprüngliche Anlaß bzw. Inhalt geworden ist. Aber insbesondere für Besucher aus nördlicheren Ländern sind natürlich derart lebens- und farbenfrohe Ereignisse wie die frühlingshaften »Blumenschlachten« an mehreren Orten von ebenso beschwingender wie fast exotisch anmutender Eigenart. In den gebirgigen Landesteilen finden außerdem noch hin und wieder (vor allem um Ostern) lokale Kirchenfeste nach traditionellen Mustern statt.

Januar
Monaco: Internationale Automobil-Rallye (Rallye Monte Carlo); am 25. Januar Gedenktag der Sainte-Dévote (Schutzheilige der Fürstenfamilie).
Mandelieu: Mimosenfest Ende Januar–Februar.

Februar
Cannes: Mimosenfest mit Umzug und »Blumenschlacht«.

Monte-Carlo: Internationales Fernseh-Festival.
Menton: Zitronenfest mit Umzug und aus Zitronen gefertigten Phantasieskulpturen und Früchte-Mosaiken.
Nizza: Karneval mit prachtvollem Umzug figurengeschmückter Festwagen; Maskenbälle und am Aschermittwoch Ausklang mit der traditionellen »Blumenschlacht« auf der Promenade des Anglais.

Beim internationalen Filmfestival in Cannes zeigt man sich gern den Kameras

Feste und Festspiele

März

Antibes/Juan-les-Pins: Antiquitätenausstellung.
Nizza: Beim Volksfest der »Cougourdons« spielen getrocknete und dekorativ verzierte Kürbisse eine spektakuläre Rolle.

April

Cannes: Internationale Biennale der Antiquitätenhändler.
Monaco: Internationale Open-Tennis-Turniere, desgleichen auch in Nizza.
Roquebrune: Karfreitagsprozession des »Toten Christus« mit biblischen Szenen, die von kostümierten Darstellern in dem illuminierten Ort vorgeführt werden.

Mai

Grasse: Rosenfest mit folkloristischen Veranstaltungen.
Cannes: Internationales Filmfestival.
Saint-Tropez: Traditionelle »Mai-Bravade« (16.–18. 5.) zur Erinnerung an historische Waffengänge mit kostümierten Schützen.
Nizza: Maifest mit Trachtengruppen und Folklore.
Monaco: Grand-Prix der Formel-1-Rennwagen.

Juni

Cannes: Kabarett-Festival.
Saint-Tropez: »Spanier-Bravade« (15. 6.) zur Erinnerung an eine Seeschlacht im Jahr 1637.
Nizza: Festival der Kirchenmusik. An jährlich wechselnden Orten im Hinterland wird das »Hochlandfest« begangen (Folklore).

Juli

Antibes: Jazz-Festival.
Cannes: »Musikalische Nächte« in Le Suquet und »Die Nächte von Lérins« mit Freilichttheater, Opernaufführungen und Konzerten auf der Insel Sainte-Marguerite (bis Mitte September).
Le Cannet: Blumenkorso.
Grasse: »Rithma«-Festspiele.
Menton: Festival der Kammermusik.
Nizza: Große Jazz-Parade sowie Internationales Folklore-Festival.

August

Cannes: Internationales Feuerwerk-Festival.
Le Cannet: »Treffpunkt der Stars«.
Roquebrune-Cap-Martin: Leidensprozession (5. 8.) mit biblischen Darstellungen zur Erinnerung an die Verschonung des Ortes vor der Pest.
Grasse: Jasminfest.
Nizza: »Nikaia« (Athletenwettbewerb).
Guillaumes: Trachtenumzug mit Kostümgruppen aus der Zeit Napoleons des Großen.

September

Cannes: Oldtimer-Festival.
Peille: Traditionelles Fest der Freier zur Erinnerung an einstige Bräuche der Brautwerberei.
Saint-Tropez: »La Nioulargue« (Internationale Segelregatta).

Oktober

Nizza: Freizeitausstellung »Meer/Gebirge-Zeitvertreib« sowie Kunsthandwerksausstellung. Außerdem: Triathlon-Wettkämpfe.

November

Cannes: Internationale Kunsthandwerksausstellung.
Isola: Traditionelles Kastanienfest.

Dezember

Nizza: Festival des italienischen Films.
Monaco: Internationales Zirkus-Festival.

Strände

An der rund 300 Kilometer langen Küstenlinie gibt es außer den Stränden vor den bekannten Badeorten, für deren Benutzung oft eine Gebühr zu entrichten ist, noch ungezählte kleinere und abgelegene Badebuchten. Mit etwas Geduld, Gehvermögen und Glück kann man dort durchaus noch Badegelegenheiten finden, wenn sich dicht bei der Küstenstraße schon in hellen Scharen die Sonnenanbeter versammelt haben.

Die Côte d'Azur hat leider sehr viel von ihrer einstmaligen »Unschuld« und Naturschönheit eingebüßt. Zwischen *Nizza*, *Cagnes-sur-Mer*, unweit der Mündung des Var, und *Antibes* als einem der letzten »Reservate für Privilegierte« offeriert die weitgeöffnete Engelsbucht eine stattliche Zahl an Strandabschnitten, die zur Ferienzeit eher durch ihre Fülle an Badegästen als etwa mit beschaulicheren Aspekten auffallen.

Zwischen *Toulon* und *Hyères* liegt bei *Carqueiranne* am Fuß eines bewaldeten Hügels ein ungemein idyllischer Strandabschnitt, eingerahmt von Felsen, hinter denen sich nahebei auch ein winziger Fischerhafen verbirgt. Über die Vorsprünge des Cap de Carqueiranne kann man von dort zum Strand *Des Salettes* wandern. Etwa fünf Kilometer weiter östlich verteilen sich bei den Meersalinen von *Pesquiers* etliche Badeplätze, während die von dort mit einem schmalen Isthmus in südlicher Richtung vorspringende Halbinsel *Giens* zahlreiche Brandungsnischen an ihrem Gesteinssockel aufweist, in denen sich gute Schwimmer wohl fühlen dürfen.

Mehr als fünf Kilometer lang dehnt sich zwischen Giens und Hyères-Strand am Ostrand der Halbinsel die breite und sanft ins Meer geneigte *Plage de la Capte*, eingerahmt von niedrigen Nadelbäumen, die auf den Dünen angepflanzt worden sind. In der Verlängerung erstrecken sich die Strände von Hyères und Ayguade-Ceinturon. Die *Côte des Maures* zwischen Hyères und Fréjus ist durch den oftmaligen Wechsel von feinen Sandstränden sowohl an ihren breiten Buchten als auch im engen Hintergrund der eingeschnittenen Calanques geprägt. Besonders anmutige Winkel finden sich dort, wo aus den schmal in Hanglagen gekerbten Tälchen kleine Bäche unmittelbar ins Mittelmeer münden. Eng und gewunden sind hier auch die von der durchgehenden N 98 abzweigenden Seitenstraßen, wie diejenigen nach Cabasson beim *Cap de Brégançon*, zum *Cap Bénat* und der *Baie du Gaou*. Sehenswert ist am Cap de Brégançon ein altes Fort auf mächtigem Felssockel; zu den kleinen und relativ wenig frequentierten Stränden in dieser Gegend muß man freilich auf mindestens halbstündigen Fußwegen vordringen. Zwei niedrige Felsvorsprünge unterteilen die Küstenlinie und trennen die

Strände von *La Favière, Lavandou* und *Gaou*. Viele zerklüftete Calanques gibt es im Umkreis des zwei Kilometer langen Strandes von *Bormes*, der durch einen Fischerhafen begrenzt wird. Drei schöne Buchten mit klarem Wasser reihen sich vor dem *Cap Nègre* bei *Saint-Clair, La Fossette* und *Aiguebelle* aneinander. Rosen und Pinien auf den Felsen geben hier den Sandflächen eine anmutige Einfassung.

Cavalière besitzt einen der schönsten Strände (1,5 km lang) unterhalb der Corniche, während zwischen *Pramousquier, Canadel-sur-Mer* und *Le Rayol* wiederum ein kleinerer Sandfleck sich nach dem anderen zwischen den Vorgebirgen versteckt. Zwischen *Cap Cavalaire* und *Cap Lardier* folgen die Badeplätze von *Cavalaire* (3 km), *La Bouillabaisse, Sylvabelle* und *Gigaro* hintereinander. Recht steil sind die Felsen am *Cap Cartaya* und *Cap Camarat*, die solch winzige Badebuchten wie die von *Bastide-Blanche* und *l'Escalet* wie naturgewachsene Schutzwälle überragen. Aber hinter dem Cap Camarat öffnet sich dann die weite Bucht von *Pampelonne* mit einem der schönsten Sandstreifen an der gesamten Côte d'Azur, der bis zum »Tahiti«-Strand vor dem bewaldeten *Cap du Pinet* verläuft.

Gärten und Tamarisken beleben die kleine Ebene von *Cogolin* vor allem dort, wo sie mit ihren sanften Abhängen zu den bekannten Orten und Stränden *Saint-Tropez* und *Port Grimaud* heranreicht. Am Nordufer des Golfs von Saint-Tropez verteilen sich mehrere Badestrände im Bereich von *Beauvallon*, und beim nahen *Sainte-Maxime* finden sich gleichfalls an der *Grande Pointe* vorzüglich zum Sonnen und Baden geeignete Flächen um das Mündungsgebiet des Préconil. Hinter dem *Cap des Sardinaux* im Halbkreis mit einem großen bewachten Strand der Küstensektor von *La Nartelle*. Strände und ein stellenweise ausgesprochen zerklüftetes Hinterland prägen das Gebiet vom *Val d'Esquières* über *les Issambres* mit seinen Calanques bis hinüber nach *Saint-Aygulf*, bevor an der Mündung des Flüßchens Argens der lange Strand von *Fréjus* beginnt.

Rote Felsfarben dominieren zwischen *Saint-Raphaël* und *Cannes* die Landschaftskulisse, die am *Cap Roux* abermals mit bizarren Gesteinsformationen, teils grotesk ausgewitterten Klüften, Graten und Sätteln, bis unmittelbar ans Ufer rückt. Die Strände von *Veillat* (2 km) und *La Péguière*, vier kleine Buchten bei *Boulouris*, das *Cap du Dramont* und der Küsteneinschnitt von *Agay*, eine Folge von Klippen bei *Anthéor* und schließlich die ganz schmalen Säume im Umkreis von *Le Trayas* und *Miramar* sind der gegen das Meer gestemmten Felsmasse des Estérel abgerungen worden.

Der kleine Strand von *La Raquette* liegt im Schutz einer Mole. In östlicher Richtung schließt sich ihm der von Pinien umstandene Sandstreifen von *La Napoule-Mandelieu* an, bevor sich mit *La Bocca* und *La Croisette* die mondänen Gestade vor Cannes buchstäblich

Strände

breitmachen. Vom Cap Croisette zum Cap d'Antibes verläuft die Küstenstraße dicht über dem hier meist felsigen Ufer entlang; der Strand von *Juan-les-Pins* liegt sehr geschützt in der »Umarmung« des Cap d'Antibes. Hinter dem *Cap Gros* und unter dem *Plateau de la Garoupe* finden sich wiederum zwei Strände, die von niedrigen Felsen begrenzt werden. Bis zur Flußmündung des Var herrschen an der *Baie des Anges* (Engelsbucht) weitere Abschnitte von felsigem Charakter vor. Die Strände von *La Fiesta, La Braque, Villeneuve-Loubet* und *Cros de Cagnes* präsentieren sich hier zur Sommerzeit gleichsam wie Dosen für »menschliche Sardinen«. Dieselben Ansichten gewahrt man des weiteren auch in Nizza zwischen der *Promenade des Anglais* und dem Ufer.

Stimmungsvoller wirkt dagegen bei *Villefranche-sur-Mer* der Fischerhafen, bei dem sich auch ein kleiner Strand befindet. Höchst malerische Uferstrecken, an denen wuchtige Felsmassen den Küstensaum bilden, formen die Landschaft um *Saint-Jean-Cap-Ferrat*. Im östlichen Winkel dieser weit hervorspringenden Halbinsel liegt *Beaulieu-sur-Mer*, besser zum Spazierengehen als zum Baden geeignet. Ähnliches gilt auch für *Eze-sur-Mer*, diesen veritablen »Adlerhorst« hoch auf dem gigantischen Felsen: Tief unter dem mittelalterlich anmutenden Dorfidyll mit den Resten der einstigen Sarazenenfestung umranden Gebüsche und Blumen einen Strandabschnitt. Verkehrswege und dichte Bebauung verstellen nach Osten die geologischen Formen im Umkreis von *Monte Carlo*, dessen Einwohner und Gäste recht gern zum »Knoblauchkap« (Cap d'aïl) mit seiner Badegelegenheit an dem breiten Ufer von Marquet ausweichen. Von dort führt ein hübscher Pfad zwischen Küstensaum und üppigen Gärten bis in die Stadt. Östlich von Monaco und dem Strand von *Roquebrune-Cabbé* ragt das *Cap Martin* mit dem Badeplatz *Carnolès* ins Meer. Von dort schwingt sich im weiten Bogen die Küstenlinie an der Bucht von Garavan hinüber nach Menton.

Altstadtgassen im Hinterland

Cagnes-sur-Mer
600 Jahre alte Mauern und ein Schloß an steilem Hügel wenige Kilometer hinter der Küste (S. 47).

Menton
Alte Häuser und ein eigenwillig angelegter Friedhof auf einem Hügel mit weitem Blick über das Meer (S. 62).

Grasse
Schattige Gassen, steile Treppen, prächtige Bürgerhäuser und Arkaden auf einem Kalksteinfelsen 20 Kilometer vom Meer (S. 55).

Vence
Diese Altstadt mit ihrer kostbar ausgestatteten Kathedrale wird zu den schönsten von ganz Frankreich gezählt (S. 47).

Sport

In Anbetracht der in sämtlichen Urlaubsorten an der Küste hochrangig entwickelten touristischen Infrastruktur versteht es sich von selbst, daß außer den vielfältigen Gelegenheiten und Einrichtungen für Wassersport aller Art auch für sämtliche anderweitigen Alternativen zur aktiven Freizeitgestaltung günstigste Vorkehrungen getroffen worden sind. Darüber hinaus gibt es abseits der Strände und insbesondere im alpinen Hinterland eine immense Palette der unterschiedlichsten Sportmöglichkeiten.

Bergwandern
Die großen Wanderwege der GR 5 (Larche – Auron – Beuil – Saint-Sauveur – Valdeblore – Utelle – Levens – Nizza), der GR 51 (Cabris – Courmes – Saint-Jeannet – Cantaron – Castellar – Théoule-sur-Mer – Menton), der GR 52 (Valdeblore Vallée des Merveilles – Sospel – Menton) und der GR 4 (Grasse – Entrevaux) sind gut ausgeschildert und können in der Regel ganzjährig begangen werden. Ausführliche Informationen und Übersichten verteilt:
Fédération Française de la Montagne
15, Avenue Jean-Médecin
F-06000 Nice
Comité Départemental de Randonné Pédestre
2, Rue Deloye
F-06000 Nice

Drachenfliegen
Es gibt zahlreiche Startplätze an der Küste und insbesondere in den Seealpen. Die bekanntesten sind: »La Condamine« bei Beuil-Valberg (320 m Höhenunterschied), Mont Cima (650 m Höhenunterschied), Mont Gros (750 m Höhenunterschied), Grasse (1100 m Höhenunterschied), Thorenc (400 m Höhenunterschied), Saint-Dalmas-Valdeblore (1000 m Höhenunterschied), Montagne du Lachens (700 m Höhenunterschied; nur für fortgeschrittene Flieger). Informationen: Fédération Française de Vol Libre. Einführungskurse bzw. Grundlehrgänge für Anfänger werden in mehreren Schulen vermittelt:
Fédération Française de Vol Libre
54 bis, Rue de la Buffa
F-06000 Nice

Fischen
Während das Angeln am Meer praktisch überall ohne besondere Einschränkungen gestattet ist, unterliegt die Fischerei in sämtlichen Binnengewässern einem strengen gesetzlichen Reglement. Ein Verzeichnis von Fluß- und Seenpächtern, die Urlaubern eine Angellizenz vermitteln, ist erhältlich bei:
Fédération Départementale de Pêche
»Les Roses de France«
34, Avenue Saint-Augustin
F-06000 Nice

Kanusport
Für beschauliches Wasserwandern gibt es allenfalls in Küstennähe und am Unterlauf des Var diverse Gelegenheiten, während ansonsten die Flüsse und Wildwasserbäche der Alpes d'Azur ganz vorzüglich geeignet sind für härtere »Gangarten«. Vom Canyoning über Rafting und Hydrospeed finden sich grandiose Strecken, die vom relativ einfachen Abschnitt für Anfänger bis zur Schwierigkeitsstufe V (sehr gefährlich) alle Varianten bieten. Auf dem

Sport

Var reicht die Skala von Stufe II bis IV, auf Tinée, Vésubie, Loup und Roya von Stufe III bis V und auf dem Estéron von Stufe II bis V. Die Siagne kann mit Stufe IV von Saint-Cézaire bis Montauroux befahren werden. Wildwasser-Einführungskurse vermitteln:
Syndicat d'Initiative de la Moyenne Vallée du Var
F-06260 Puget-Théniers
USBT Quartier de l'Aigara
F-06540 Breil-sur-Roya
Übersichten und auch detailliertere Informationen gibt es bei:
Ligue Côte d'Azur (c/o Eric Paysse)
611, Avenue Pierre-Sauvaigo, Le Castel Fleuri B
F-06700 Saint-Laurent-du-Var

Klettern

Vom einfachen Klettersteig für Anfänger bis zu solch schwierigen Aufstiegen wie an der berühmt-berüchtigten »Gelben Wand« in Cougourde sind sowohl in den Voralpen von Grasse und Estéron als auch in dem bei Alpinisten sehr beliebten Nationalpark Mercantour alle Schwierigkeitsgrade vorzufinden. Ausgerüstete Kletterschulen gibt es in La Turbie, La Loubière, Cabris, Gourdon, Saint-Jeannet, Caussols, Gréolières, Saint-Dalmas-de-Valdeblore, Saint-Martin-Vésubie, Roquebillière, Belvédère, Valberg, Saint-Etienne-de-Tinée, Auron, Isola 2000, Tende, La Brigue und Roubion (Auskünfte jeweils bei den örtlichen Verkehrsämtern). Lehrgänge mit Bergführern und Kletterprofis vermitteln:
Mercantour Alticoop
3–4, Rue Caroline
F-06100 Nice
Bergführerbüro
Rue Cagnoli (c/o Otto-Bruc Sports)
F-06450 Saint-Martin-Vésubie
(dort gibt es auch eine Liste aller Bergführer der Seealpen)
Bergführer-Organisation
Vallée Entraunes
F-06470 Saint-Martin-d'Entraunes
Ausführliches Informationsmaterial verteilt:
Club Alpin Français
14, Avenue Mirabeau
F-06000 Nice

Reiten

Lehrgänge, geführte Distanz- und Tagesritte sowie auch Stallungen für das eigene Pferd bieten einige Reiterhöfe. Örtliche Reitervereine, die auch für Urlauber Schulungs- und Wanderritte offerieren, gibt es in Saint-Etienne-de-Tinée, Mandelieu-la-Napoule, Saint-Vallier-de-Thiey, Saint-Martin-Vésubie, Saint-Dalmas-Valdeblore, Andon-Thorenc, Haute-Roya, Isola 2000 und Ilonse (Näheres bei den örtlichen Fremdenverkehrsbüros).

Segeln

Wie bunte Nußschalen oder eine muntere Entenfamilie sieht es aus, wenn am Hafen von Nizza die Kinder-Segelschule ihre Ausflüge macht. Ähnliche Anblicke bieten sich noch in manchen anderen Ferienorten der Côte dar, die in der Tat wie kaum eine andere Küstenregion zum relativ gefahrlosen Erlernen dieser Sportart geeignet ist. Auch für Erwachsene und Fortgeschrittene bis hin zum anspruchsvollen Regatta-Training werden zahlreiche Möglichkeiten geboten.
Informationen erhältlich über die örtlichen Verkehrsbüros.

Surfen

In fast allen Badeorten besteht die Möglichkeit zu Einführungs- und Trainingskursen. Surfbretter und auch Wasserski können natürlich ausgeliehen werden. Übersicht und Information:
Direction Départementale Temps Libre, Jeunesse et Sports
Rue E.-Donadéï /Bureau 3000
F-06700 Saint-Laurent-du-Var

Die Côte d'Azur ist ein Taucherparadies

Tauchen

In Antibes, Cagnes-sur-Mer, Golfe-Juan, Menton, Nizza, Saint-Raphaël, Saint-Tropez und Théoule-sur-Mer gibt es Tauchschulen und Gelegenheiten zur Einführung in Spezialgebiete wie Nachttauchen und biologische Meereskunde.

Club Plongée de Cannes
46, Rue G.-Clemenceau
F-06408 Cannes

Plongée International Club
Port de Cannes Marina/»Le France«, Bât. D
F-06210 Mandelieu-la-Napoule

Club Nautique Menton
1, Avenue Félix-Faure
F-06500 Menton

Club Nautique l'Estérel
Port de la Rague
F-06590 Théoule-sur-Mer

Tennis

Ungezählte Platzanlagen an der Küste und auch in den alpinen Ferienorten. Spielmöglichkeiten für Urlauber werden fast überall angeboten.

Wandern

Vom Frühjahr bis in den Herbst finden mehrere Wander-Rallyes statt. Terminangaben und Unterlagen:

CAF-Club Alpin Français
Avenue Mirabeau
F-06000 Nice

Wintersport

In den Höhenlagen der Voralpen bei Grasse, Thorenc und Andon sowie im Hochland-Umkreis von Beuil-Valberg, Le Boréon und Tende-Val Casterino finden sich mit rund zwei Dutzend gespurten Loipen (zwischen 2 und 47 km lang) sehr gute Gelegenheiten für den Ski-Langlauf. Ausgedehntere Ski-Wanderungen über zwei oder drei Tage mit Übernachtung in Schutzhütten sind im Mercantour-Massiv entlang der Grenze zu Italien, im Gebiet Roya-Bévéra, in der Haute-Tinée und im Hochland des Var möglich. Mit mehr als 250 Pisten, 600 km Abfahrts- und Wanderstrecken und 115 Liftanlagen (zwischen 1150 und 2610 m Höhe) locken die alpinen Skigebiete.

CAF-Club Alpin Français
Avenue Mirabeau
F-06000 Nice

Natur und Umwelt

Eine landläufige Redensart, die früher oft zu hören war, benennt als die drei größten Gefahren für Südfrankreich östlich der Rhône »den Mistral, den unberechenbaren Wasserlauf der Durance und das Parlament im fernen Paris«. Als Gast im Land sollte man sich zwar tunlichst aus derlei Problemstellungen heraushalten, man kommt jedoch kaum umhin, zumindest den *Mistral* als einen noch heute im wahrsten Sinn »brandgefährlichen Zerstörer« zu fürchten. Kein Kraut ist ihm gewachsen und selbst nicht der massenhafte Noteinsatz modernster Feuerwehrgeräte: Das mörderische Zusammenspiel von knochentrockener Sommerhitze mit dem mächtigen Sturmwind gilt nach wie vor als wahrhafte Geißel und schlimmster Umweltschädling an der Côte d'Azur. Daraus leitet sich das kompromißlos zu befolgende Verbot her, weder mit Lagerfeuern noch mit Zigaretten in den gefährdeten Wald- und Heidegebieten umzugehen. Selbst achtlos weggeworfene Flaschen, deren Scherben im ungünstigsten Fall wie Brenngläser wirken können, haben hier schon zu Flächenbränden geführt.

Dort, wo abseits der Siedlungen im *Maquis*, an entlegenen Felsufern, in schwer zugänglichen Talhängen und Schluchten sowie im hochalpinen Gelände bauliche Eingriffe und Straßenbau die Landschaft noch nicht »gefressen« haben, blieben teils urwüchsig anmutende Pflanzengesellschaften bewahrt, die gelegentlich auch seltenen Tierarten wichtige Refugien gewähren. Sind dies im küstennahen Raum mehr die Kleintiere wie Insekten, Reptilien und Vögel, so halten sich im Gebirge (z. B. Mercantour-Nationalpark) auch größere Populationen von *Gemsen* und sogar *Steinböcken* auf.

Wenn man von wilden Tieren in den Wäldern und Trockengebüschen an der Côte meist nur den Gesang der Vögel und das Schnarren der *Zikaden* hört, kann ein plötzliches Rauschen im Unterholz durchaus doch etwas Größeres bedeuten: *Wildschweine* und *Kaninchen* sind hier heimisch, und selten kann man auch *Marder*, *Füchse* oder *Dachse* an einsamen Wanderwegen antreffen. »Aethechinus algirus« nennt sich ein spezieller Bewohner des Estérel, eine Igelart mit Mittelscheitel. Schließlich sind die heißen Karstgesteine und die amphibischen Geländestreifen mancher Talgründe kostbare Lebensräume für verschiedene Arten seltener *Lurche* und *Reptilien*. Smaragd- und Perleidechsen, Geckos, Schildkröten sowie eine große Zahl an kleinen Schlangen finden im Ökosystem der felsigen Macchia zum Glück noch einigermaßen ungestörte Lebensmöglichkeiten. Zwar können die fast ausgestorbenen *Aspisvipern* und *Spitzkopfottern* als einzige auch dem Menschen gefährlich werden, aber das Risiko, ihnen zu begegnen, ist denkbar gering.

Natur und Umwelt

Die charakteristische Vegetation der kargen Böden abseits der landwirtschaftlich genutzten Täler und Ebenen gilt vielen Urlaubern aus nördlicheren Breiten gleichsam als Inbegriff ihrer mediterranen Träume: *Lavendel, Zistrosen* und *Myrten, Rosmarin, Thymian* nebst *Mandel-* und *Ölbäumen*, dazu die kleinwüchsigen *Kermes-, Kork-* und *Steineichen* breiten sich mitsamt *Aleppokiefern* und *Pinien* aus. Hinzu kommen nicht nur die in bewässerten Gärten üppig wachsenden Gemüsepflanzen und Beerensträucher, sondern als landwirtschaftliche Spezialität die in Treibhäusern und auf großen Feldern kultivierten *Lavendelbüsche, Nelken, Rosen* und anderen Blumen, die im Umkreis der Parfumstadt Grasse angebaut werden. Dreiviertel der Weltproduktion an Duftwässern kommt aus dieser Gegend, in der jedes Jahr bis zu zehn Millionen Kilogramm Blüten verarbeitet werden. Zehntausend Kilo an Blütenblättern von Rosen oder Jasmin ergeben ein einziges Kilo der kostbaren Duftessenz; ähnliche Zahlenverhältnisse gelten desgleichen für Parfum-Grundstoffe auf der Basis von Narzissen, Veilchen, Mimosen, Nelken, Geranien, Lavendel oder Orangenblüten. Übrigens: Der tägliche Blumenmarkt in Grasse ist eine Hauptsehenswürdigkeit.

Für die Unterwasserflora und -fauna in unmittelbarer Küstennähe wirkt sich der Badebetrieb natürlich seit langer Zeit schon nachteilig aus. Auch Sporttaucher, die sich mit Vorliebe in immer entlegenere Zonen begeben, weil sie dort den anderwärts bereits verschwundenen Meeresbewohnern nachspüren möchten, tragen nicht unwesentlich zum progressiven Schwund genau derjenigen Lebewesen bei, denen doch ihr Interesse gilt. Und auch von jenem altberüchtigten »Teufelskreis« der Wasserverschmutzung (nicht nur) durch fehlende oder mangelhafte Kläranlagen muß leider noch immer die Rede sein; wenn sich in diesen Belangen zwar in letzter Zeit manches verbessern ließ, ist freilich doch längst noch kein Optimum an Umweltschonung in Sicht.

Leicht wird übrigens übersehen, daß die Landschaft der Côte d'Azur weithin im eigentlichen Sinn keinesfalls ein naturgewachsenes Gefüge darstellt. Bereits zur Zeit der römischen Landnahme, stellenweise sogar noch früher, wurde der ursprünglichen Vegetation des für den Mittelmeerraum charakteristischen immergrünen Waldes großflächig der Garaus gemacht. Dieser *Waldtyp* mit seinen dominierenden Steineichen und dem Unterholz von Kreuzdorn-, Schneeballstrauch- und Waldrebenarten, aber auch die Korkeichenwälder sowie die mit Pinien und Aleppokiefern bewachsenen Regionen sind auf vergleichsweise schmale Reste und Rückzugsbestände zusammengeschrumpft. Als degradiertes Stadium dieser maximal 10 bis 15 Meter Höhe erreichenden Baumflora wird die *Macchia* (Maquis) angesehen, die ihren Namen übrigens von der darin häufig vorkommenden Zistrose (Cistus) erhalten hat. Mit ihrem Reichtum an duftenden Kräutern, Blumen und Sträuchern, mit Baumheide, Kreuzdorn, Immergrün, Rosmarin, Wacholder, Pistazien, Ginster und Minze lieferte sie in früherer Zeit den Menschen so bedeutsame Stoffe wie Lohe, Harz, Mastix, Laubfutter und Feuerholz, was je nach Lage und spezieller Nutzung sowohl eine erhebliche Variationsbreite der jeweils vorherrschenden Arten als auch eine permanente Anfälligkeit ihrer ökologischen Strukturen mit sich brachte.

Die *Garrigue* als niedrige Strauchheide auf kargen Kalkböden ist ihrerseits eine durch Überweidung, Köhlerei oder anderweitige Intensivnutzung entstandene Degenerationsform der Macchia. Hier gab die provenzalisch als »garoulia« bezeichnete Kermeseiche der gesamten Pflanzengesellschaft den Namen. Raute, Rosmarin, Thymian, Salbei und Lavendel, aber auch Frühblüher wie wildwachsende Tulpen, Krokusse und Schwertlilien prägen neben dornigen Büschen diese Ökosysteme, deren Aroma von vielen Naturfreunden als Inbegriff für mediterrane Düfte wahrgenommen wird. Affodill und wilder Lauch, Zwiebel- und Knollenpflanzen zwischen sommerdürren Gräsern: Das ist die *Steppe*, die nach Abweidung, Rodung oder Brand von Macchia oder Garrigue als vorläufig letztes Stadium übrigbleibt. Besonders deutlich sind oft im Gelände der Mittelgebirgsschwellen, den jahrhundertelang aus bäuerlicher Not strapazierten Weidegebieten, alle Charakteristika dieses Vegetationszustands zu beobachten, der auch dem naturkundlichen Laien sehr anschaulich vor Augen führt, daß dieses Land überwiegend sein Pflanzenkleid – mitsamt der darin lebenden Tierwelt – weit weniger dem sinnvoll-freien Walten ökologisch zusammenhängender Wirkungskräfte als vielmehr den geschichtlich bedingten Wechselfällen verdankt. In diesem Sinn muß selbst dort, wo man es vordergründig kaum bemerkt, von einer naturhaften Prägung gesprochen werden, die in Wahrheit als kulturelle Folge zu werten ist. Gerade aus diesen Tatsachen und wirkungsschweren Abhängigkeiten muß heute, in einer Phase des wachsenden Bewußtseins um die so feingliedrig wie empfindsam ineinander verschränkten Arten- und Einzelschicksale der belebten Natur, den auf schöne Urlaubserlebnisse erpichten Zeitgenossen ihre Verantwortlichkeit klarwerden. Immerhin geht es zwischen Seealpen und Calanques um nichts weniger als die Erhaltung eines ohnehin schon äußerst anfällig gewordenen Status quo, den die Balance gegensätzlicher Interessen vielerorts dramatisch gefährdet. Die verheerenden Waldbrände sind dafür nur der eklatanteste, doch vielleicht nicht einmal gravierendste Faktor. Sich achtsam bewegen, seine vorübergehende Anwesenheit durch kein einziges Abfallteilchen zu erkennen geben, die natürliche Umwelt als großartige Kostbarkeit würdigen: Dies ist an der Côte ein wirkliches Gebot der Stunde.

Routen und Touren

Mit dem Auto

Route Napoléon Die als »Route Napoléon« bekannte und ausgeschilderte Strecke beginnt am Hafen von Golfe-Juan (Gedenkstein) und verläuft auf dem Gebiet der Côte d'Azur über Vallauris, Cannes, Le Cannet, Mougins, Mouans-Sartoux bis Grasse und dann weiter über Saint-Vallier-de-Thiey hinauf zum Pas de la Faye und zum Col de Valferrière in Richtung Castellane am oberen Lauf des Verdon.

Nachruhm und Geschichtsbewußtsein kommen an dieser nunmehrigen Ferienstraße zwischen Golfe-Juan und Grenoble, die der aus seiner Verbannung auf Elba zurückgekehrte mit 1200 Getreuen binnen einer Woche hinter sich brachte, in Gestalt verschiedener Denkmäler zur Geltung.

Von der Küste bis Séranon sind es gut 60 km Fahrtstrecke, und es empfiehlt sich, beim letztgenannten Ort die »Route Napoléon« zu verlassen und über Caille und Andon nach Osten ins Tal des Loup abzubiegen, durch das der Rückweg über Gréolières und Gourdon wieder nach Grasse oder, über Tourrette-sur-Loup und Vence, an die Strände von Cagnes-sur-Mer eingeschlagen werden kann.

Durch die Nizzaer Berge Ein Tagesausflug von etwa 120 km kann von Nizza in Richtung Saint-Pancrace und Aspremont ins mittlere Gebirge beim Mont Chauve unternommen werden. Von dort geht es über Levens zu den Schluchten der Vésubie und dann über Duranus und Le-Saut-des-Français bis Saint-Jean-la-Rivière. In dieser Gegend, insbesondere auch im Umkreis von Utelle, gewinnt man einen prachtvollen Überblick über die südlich gelegenen Hügel von Nizza, während sich zur anderen Seite die Gipfel des Mercantour gut erkennen lassen. Längs der Vésubie fährt man anschließend weiter nach Lantosque und kann von dort auf mehreren Wegen, durch das Paillon-Tal, über L'Escarène oder über Contes, wieder Nizza ansteuern.

Die Schluchten von Daluis und Cians Knapp 200 km umfaßt ein Ausflug über das an malerischen Dörfern reiche Gebirge und durch die Talschluchten der Alpes d'Azur, den man in Nizza beginnt. Durch das Tal des Var folgt man der Straße zum 64 km entfernt gelegenen Puget-Théniers und dem benachbarten Entrevaux, um westlich des letztgenannten Ortes in Richtung auf Guillaumes abzubiegen. Dieser Streckenabschnitt führt mitten durch die von rötlichen Gesteinen geprägte Daluis-Schlucht. In Guillaumes wird dann die Straße über Péone nach Valberg eingeschlagen, die in Beuil das Cians-Tal erreicht, durch dessen gleichfalls enorme Schlucht es abwärts nach Touët-sur-Var geht. Die Rückkehr nach Nizza ist auf schnellem Weg längs des Var oder mit mehreren Varianten über Levens, Castagniers und Aspremont möglich.

Durch das Massif des Maures Startort für diese Rundfahrt von 140 km Länge ist Hyères, das man in nördlicher Richtung mit der Straße durch das Tal des Gapeau verläßt, dem beim Weiler Les Martins der Lauf des Réal Martin zufließt. Diesem folgt man über die landschaft-

Das Felsendorf Gourdon ist von der einsamen Karstlandschaft des Loup umgeben

lich sehr schöne Strecke bis Pierrefeu, wo rechter Hand die Strecke nach Collobrières abzweigt. Dort sind als historische Denkwürdigkeiten die Kirchenruine Saint-Pons und der sogenannte »Schlangenstein« zu besichtigen. Über ein windungsreiches Sträßchen (D 14) kommt man nun durch eine sehr malerische und recht einsame Gegend: gewissermaßen das Herzstück des Maurengebirges. Bemerkenswerte Aussichtspunkte finden sich beim Col de Fourche und in 673 m Höhe beim Cros-de-Mouton, bevor man hinter den Weißen Felsen (Roches Blanches) das anmutige Städtchen La Garde-Freinet erreicht, in dem die Ruinen des Grand Faxinet eindrucksvoll an die einstige moslemische Sarazenenfestung erinnern. Auch die Relikte dreier uralter Kapellen erzählen von dieser bewegten Geschichtsepoche. La Garde-Freinet ist heute einer der besten Ausgangspunkte für Wanderungen durch das Gebiet der Maures.

Nur 15 km sind es nach Süden zur Bucht von Saint-Tropez, während man in der entgegengesetzten Richtung durch das hübsche Tal der Neuf-Riaux nach Le Cannet-des-Maures und dem benachbarten Le Luc gelangt. Ein prähistorisches Oppidum (3./4. Jh. v. Chr.), Ruinen von Türmen und einer Burg sowie romanische und gotische Gotteshäuser belegen hier und im nahen Umkreis die tiefreichende Geschichte einer oftmals heiß umkämpften Region, in der man heute statt Säbelrasseln nur noch das stetige Brausen und Gebrumme von der nahe vorüberführenden Autobahn (A 8) vernimmt.

Ein kurzes Wegstück (8 km) nach Westen über die N 7, dann biegt man in Flassans nach Süden ab und erreicht bald Besse-sur-Issole, ein aus dem 11. Jh. stammendes Dorf bei einem kleinen See. Von dort über Carnoules (Mauerreste einer Königsburg) geht es wieder ins reizvolle Tal des Réal Martin und durch dieses über Pierrefeu nach Hyères zurück.

Zu Fuß

In den Alpes Maritimes Das Département der Alpes-Maritimes wird zu etwa 80 Prozent aus Gebirgen gebildet, in denen nicht weniger als 465 Gipfel höher als 2000 m aufsteigen. 53 000 Hektar umfaßt dort der Mercantour-Nationalpark, und über die 690 km Wanderwege der einzelnen Ferienzentren hinaus summiert sich das beschilderte Netz für überörtliche Fußtouren auf rund 4000 km des Großraums zwischen Tende und Grasse. Vielerorts sind es kaum 50 km Entfernung von den Stränden bis zu Gipfelhöhen; vom 1800 m hohen Cheiron läßt sich z. B. an klaren Tagen die gesamte Küstenlinie von Toulon bis nach Italien überblicken. Nordwestlich der gleichfalls aussichtsreichen Berge an der italienischen Grenze im Gebiet von Roya-Bévéra stellt der Gipfel des Gélas (3143 m) den absoluten Höhepunkt des abwechslungsreichen Reliefs dar. Zugleich ist er der »König« unter den Bergstöcken am Vallée de la Vésubie, deren grüne Landschaft auch gern als die »lächelnde Schweiz von Nizza« bezeichnet wird. Hangwälder, Almen, bizarre Felsformationen, Wasserfälle und Bergseen geben den anmutigen Vordergrund für Panoramen ab, aus denen sich hell die kahlen, gezackten Gipfelketten hervorheben. Malerisch gelegene Dörfer wie Gordolasque und Boréon bieten sich als günstige Ausgangspunkte für Wanderungen durchs Mercantour-Gebiet an. Ähnlich attraktiv zeigen sich die Ortschaften des Vallée de la Tinée (nordwestlich Vésubie), die ihrerseits in den Sommermonaten zu Exkursionen und während der kalten Jahreshälfte als Zugänge der Wintersportzentren einladen. Nach Süden entspringen diesem Hochgebirge zahlreiche Bäche.

Orte und Ziele in der Umgebung

Antibes

Der idyllische See- und Yachthafen von ehedem ist mit Juan-les-Pins und den benachbarten Siedlungen am Cap d'Antibes zu der nach Nizza größten Küstenstadt zusammengewachsen. Rund 63 000 Einwohner im engeren Bereich und über 80 000 im größeren Umkreis zählt jetzt das einstige »Antion« der Ligurer, in dem um das Jahr 350 v. Chr. die Griechen ihr »Antipolis« begründeten und das während der geschichtlichen Jahrhunderte ein wichtiger Stützpunkt sowohl für die Kirche als auch für weltliche Herren war. Die wuchtigen Türme des Grimaldi-Schlosses und gleich daneben die Kathedrale, mitsamt der Altstadt durch starke Wehrmauern beschirmt, lassen im malerischen Ensemble noch durchaus erkennen, daß es hier nicht immer so friedlich wie heute zugegangen ist. Zugleich stellt Antibes ein ausgesprochen nobles Beispiel dafür dar, wie günstig landschaftliche Reize und das durch ansehnliche Bausubstanz vermittelte Flair der Vergangenheit sich zu einem wahrhaft fruchtbaren Kristallisationsort der Kunst und Kultur verbinden können. Gerade hier kommt auch höchst charaktervoll die mancherorts an der Côte d'Azur zu beobachtende Entwicklung vom historischen Zentrum über die Künstlerkolonie bis hin zum jetzigen Schwerpunkt des Fremdenverkehrs ins Blickfeld.

Solche Schönheit und Noblesse fordern freilich ihren Preis, und zwar im ganz konkreten Sinn: Unter den 135 Hotels und 150 Restaurants sind diejenigen deutlich in der Minderzahl, denen das Portemonnaie des Durchschnittsbürgers noch einigermaßen gewachsen ist. Zwar sind auch etliche Familienhotels und eine große Zahl an Ferienwohnungen vorhanden, doch um darin unterzukommen, bedarf es in der Regel einer definitiven Anmeldung und Buchung mindestens ein halbes Jahr vor Urlaubsbeginn. Gleichwohl braucht (und sollte) man auf einen Besuch in Antibes keinesfalls zu verzichten, denn seine größten Schätze und Sehenswürdigkeiten lassen sich ja auch ausflugsweise während eines halb- oder (besser) ganztägigen Aufenthalts besichtigen.

Eine Rundfahrt (ca. 12 km) um das Cap d'Antibes führt zur Kapelle »La Garoupe«, die außer kurios anmutenden Fresken des Malers Emile Colin auch bemerkenswerte Votivgaben enthält. Vor dieser Wallfahrtsstätte und vom Leuchtturm nahebei weitet sich das zauberhafte Panorama: Von der Esplanade (Orientierungstafel) kann man bis Nizza schauen, und an klaren Tagen geht der Blick bis zu den dahinter aufragenden Schneegipfeln der Alpen. Zur anderen Seite sind die Inseln von Lérins sowie, gegen Westen, die Höhen des Estérel zu erblicken. Ein Spaziergang entlang der Mauerwehren des

Antibes

Stadtteils Vauban, ein Bummel durch die Altstadtgäßchen mit ihren Boutiquen, Antiquitäten- und Souvenirläden, über den typisch provençalischen Marktplatz und um den Hafen (gegenüber das massige Fort Carré) vermittelt nicht bloß stimmungsreiche Einblicke ins historische Gefüge, sondern auch jenen vielzitierten Hauch von Mondänität, der sich sozusagen als permanente »Open-air-Show« des Sehens und Gesehenwerdens im schillernden Markt der Eitelkeiten äußert.

Sehenswertes

Fort Carré Auf dem Grundriß eines achtzackigen Sterns wurde die Festung unter Heinrich III. (16. Jh.) angelegt und unter Ludwig XIV. zur jetzigen Form ausgebaut. Nur im Juli und August zu besichtigen.

Jardin Thuret Im milden Klima der Halbinsel gedeihen nicht nur prachtvolle Pinien, sondern auch die Rosen und subtropischen Blumen im botanischen Garten der Villa Thuret. In der Umgebung breiten sich viele üppige Privatgärten hinter Mauern um die Luxusdomizile der Hautevolee aus.
41, Boulevard du Cap

Kathedrale Fassade und Schiff des Gotteshauses wurden im 17. Jh. vor dem noch aus romanischer Zeit erhaltenen Chor errichtet. Das Altarbild (1515) hat Louis Bréa gemalt.

Notre-Dame-de-la-Garoupe (13.–16. Jh.) Mit ihrer eigentümlichen Sammlung der meist für die Rettung aus Seenot gestifteten Votivbilder ist sie auch Aufbewahrungsort der kostbaren »Ikone von Sewastopol«, die im Krimkrieg (1853–56) erbeutet wurde. Im Sommer:
Tgl. 10–12 und 14.30–19.30 Uhr

Strände

Über insgesamt 20 km Länge dehnen sich die mehr oder minder gut zugänglichen Kiesel- und Sandstrände aus, unterteilt in rund 65 Sektionen. Hier und auf den noch zahlreicheren ins Wasser vorgebauten Bootsstegen läuft während der warmen Jahreszeit eine praktisch ununterbrochene Schau der Moden, Manieren und Typen ab – eine amüsante Sehenswürdigkeit an sich.

Museen

Musée d'Histoire et d'Archéologie In der Bastion Saint-André (Les Remparts) sind Funde aus dem antiken »Antipolis« untergebracht, darunter viele Amphoren und Münzprägungen.
Tgl. außer Di 9–12 und 14–19 Uhr (Sommer), sonst 9–12 und 14–18 Uhr; Nov. geschl.

Musée Naval et Napoléonien Das Marinemuseum unter einer Geschützbastion im Sella-Turm erinnert auch an den aus seiner Verbannung von der Insel Elba geflohenen Kaiser.
Tgl. außer Di 9–11.45 und 14–18.45 Uhr (Sommer), sonst 9–11.45 und 14–17.45 Uhr; Nov. geschl.

Musée Picasso Vom Marktplatz führt eine Treppe hinauf ins Grimaldi-Schloß, dessen Sammlung nicht nur etwa 200 Werke von Picasso, sondern auch von Fernand Léger, Joan Miró, Max Ernst und Hans Hartung präsentiert.
Tgl. außer Di 10–12 und 15–19 Uhr (Sommer), sonst 10–12 und 14–18 Uhr; Nov. geschl.

Einkaufen

Unter dem Schloß und hinter dem Marktplatz (Cours Masséna) geht man durch die Rue Guillemont ins Herz der Altstadt hinein. Die Rue Sade mit ihren zahlreichen Boutiquen führt darauf zum stets lebhaf-

ten Place Nationale. Cafés und Restaurants am Rand laden zum Bleiben ein, und manchmal werden hier auch Konzerte im Freien gegeben. Seitlich zweigt die Rue James Close ab, die mit Galerien, Geschenkläden und freundlichen Gaststätten gleichfalls einen Schaufenster- oder Einkaufsbummel lohnt, bevor man durch die Rue des Bains und die Rue Brulée wieder zum Cours Masséna zurückkehrt, auf dem übrigens täglich (außer Mo) der bunte Markt abgehalten wird.

Spaziergänge

Außer der Altstadt und den Baudenkmälern von Antibes verdient auch Juan-les-Pins einen Besuch zu Fuß, bei dem man unbedingt einmal in die »Pinède« hineingehen sollte, einen Park mit 100jährigen Pinienbäumen, der als kultureller Treffpunkt bei Konzerten und dem jährlich stattfindenden internationalen Jazz-Festival bekannt ist. Am benachbarten Square Sidney Bechet mit der Kongreßhalle gelangt man auch zu den Häfen Crouton (Fi-

46 Antibes

scher) und Gallice (Sportboote). Von letzterem fahren täglich (April–Sept.) die Ausflugsschiffe zu den Inseln *Saint-Honorat* (Klosteranlage für einst 3000 Mönche, gegründet im 4. Jh., im 12. Jh. als Festung gegen die Sarazenen ausgebaut) und Sainte-Marguerite (Festung) ab.

Restaurants
Bacon
Boulevard Bacon
Tel. 93 61 50 02
Sonntagabend und Mo geschl.
Luxuskategorie
Bonne Auberge
RN 7/La Brague
Tel. 93 33 36 65
Mo geschl. (Winter)
Luxuskategorie
Calèche
25, Rue Vauban
Tel. 93 34 40 44
Mo geschl.
2. Kategorie
Chasseurs
1588, Route de Grasse
Tel. 93 33 03 04
So. geschl.
1. Kategorie
Mariejol
2, Rue du Bateau
Tel. 93 34 24 45
Mi geschl.
3. Kategorie
Le Scoubidou
8, Rue Dautheville
Tel. 93 67 33 32
Mo geschl.
3. Kategorie

Hotels
Das Maison du Tourisme verschickt auf Anfrage einen umfassenden Hotelführer mit ausführlichen Angaben zu den verschiedenen Komfortklassen, Leistungen und Preisen (auch in deutsch). Ausgewählte Beispiele:
Beauséjour
Avenue Saramartel
Tel. 93 61 07 82
Okt.–März geschl.
1. Kategorie

Le Cap Eden Roc
Boulevard Kennedy
Tel. 93 61 39 01
Nov.–März geschl.
Luxuskategorie
Garoupe
Boulevard du Cap
Tel. 93 61 54 97
Dez.–Feb. geschl.
2. Kategorie
Kismett
109, Boulevard Wilson
Tel. 93 61 25 71
15. Okt.–15. März geschl.
3. Kategorie
Pinède
7, Avenue Gallice
Tel. 93 61 15 96
15. Nov.–15. März geschl.
3. Kategorie

Service
Maison du Tourisme
11, Place du Gal. de Gaulle
F-06600 Antibes
Tel. 93 33 95 64
Maison du Tourisme
51, Boulevard Guillemont
F-06160 Juan-les-Pins
Tel. 93 61 04 98

Ziele in der Umgebung
Biot Das alte Dorf der Glasbläser (10 km von Antibes) liegt auf einem Hügel, 4 km hinter der Küste. Steile Gassen im Ortskern werden von hellen Mauern begrenzt, die Innenhöfe und Gärten sind mit Mimosen, Feigen- und Orangenbäumen umgeben. Antiquitätenhändler und traditionelle Handwerker zehren hier ebenso vom Interesse der Feriengäste wie die ansässigen Töpfereien und Glasbläserateliers.
Hauptanziehungspunkt ist das dem Maler gewidmete *Musée National Fernand Léger* (tgl. außer Di von 10–12 und 14.30–18.30 Uhr; im Winter bis 17 Uhr). In Richtung Nizza, nach Überquerung des unteren Loup, fährt man in wenigen Minuten von Biot nach Cagnes-sur-Mer.

Cagnes-sur-Mer Die Altstadt auf dem Hügel, das sogenannte Haut-de-Cagnes, wird vom zinnengekrönten *Schloß der Grimaldi* (15./18. Jh.) überragt. Dieses Monument birgt beachtliche Sammlungen zur lokalen Geschichte, zur Fischereitradition, ein Olivenbaum-Museum sowie wertvolle Gemäldekollektionen (tgl. außer Mi von 10–12 und 14–18 Uhr; im Winter bis 17 Uhr).

Das schöne Anwesen *Les Collettes*, in dem Pierre-Auguste Renoir 1908–19 seine letzten Lebensjahre zubrachte, steht zwischen 140 fast 1000 Jahre alten Ölbäumen.

In dem *Musée Renoir* können neun Räume mit zehn meisterlichen Gemälden sowie Skulpturen und Arbeitsgeräten Renoirs besichtigt werden, außerdem auch Originale von Bonnard, Dufy, Maillol und anderen Künstlern (im Sommer tgl. 10–12 und 14–18 Uhr, 16. Nov.–31. Mai 14–17 Uhr).

Über die parallel zur Autobahn längs der Küste verlaufende Route Nationale kann man in Richtung Nizza weiterfahren und überquert dabei den Var auf einer 300 m langen Brücke.

Mougins Der Ort westlich von Antibes und bereits im Bannkreis von Cannes gelegen, zeigt sich höchst malerisch mit verschachtelten Häusern zwischen Zypressen auf einer Bergkuppe zusammengedrängt. Feinschmecker schätzen seine guten Restaurants, aber Kunstfreunde wandeln hier womöglich noch lieber auf den Spuren Pablo Picassos, der in dieser anregenden Umgebung bis zu seinem Tod 1973 lebte.

Saint-Paul-de-Vence Die Dorfanlage gibt auf einem von Mauerwehren umringten Hügel das für das Küstenhinterland charakteristische Beispiel wieder. Aber es wird weniger wegen der mittelalterlichen Architektur als vielmehr aufgrund der nahebei gelegenen Kunstsammlungen in der *Fondation Maeght* aufgesucht, die zu einer Art »Pilgerstätte« der Kunst des 20. Jh. geworden ist. Braque, Matisse, Arp, Calder, Miró, Tapiès, Léger, Chagall, Giacometti und noch etliche andere Künstler sind hier mit grandiosen Werken vertreten (tgl. 10–12.30 und 14.30–19 Uhr).

Vallauris Große Kunst auch in diesem kleinen Dorf, das 4 km östlich von Antibes inmitten der stark zersiedelten Hügelschwellen liegt. Hier, wo das Töpferhandwerk seit alter Zeit floriert, gibt es nicht nur ein *Keramikmuseum* in der Manufaktur »La Cigale« (tgl. 9–19 Uhr), sondern auch Meisterwerke von *Pablo Picasso* zu bewundern:

Auf dem Markt (Place Paul-Isnard) steht eine Plastik »Mann mit dem Schaf«, und die alte Kapelle der Mönche von Sénanque stattete er mit dem monumentalen Fresko »Krieg und Frieden« aus (Mai–Nov. tgl. 10–12 und 14–18 Uhr, sonst 14–17 Uhr).

Vence Gut zu erreichen von Cagnes her über die D 36. Das historische Bautenensemble des dörflichen Kerns unter den Baous-Felsen (10 km zur Küste) wird zu Recht zu den schönsten Altstädten ganz Frankreichs gerechnet. Kein Wunder, daß sich in diesem wahrhaften »Schmuckkästchen« mit Vorliebe auch Künstler aufgehalten haben: Poussin, Dufy, Soutine, Modigliani, Matisse, Dubuffet, Chagall und Max Ernst ließen sich von dem stilvollen Ambiente inspirieren.

Zeichen ihrer Anwesenheit sind u. a. das Chagall-Mosaik beim Taufstein in der Kathedrale und insbesondere die 1949–51 von Henri Matisse entworfene und ausgemalte *Chapelle du Rosaire* etwas außerhalb von Vence (Mi und Do 10–11.30 und 14.30–17.30 Uhr; 1. Nov. bis 2. Mi im Dez. geschl.).

Cannes

»Castrum de Canois« benannten die Römer den Ort nach dem Schilfrohr, das hier am Fuß eines Hügels an der Meeresbucht wuchs. Heute stehen hier statt rauschenden Röhrichts die seit Beginn des mondänen Fremdenverkehrs vor rund 150 Jahren errichteten künstlichen Paradiese: Hunderte von Traumvillen und wahren Schlössern, eingebettet in ihren Zierat von klassisch gestalteten Gartenanlagen. Tropischen Pflanzenwuchs mit schwellendem Blütenreichtum gewahrt man längs der Croix de Gardes, der Californie folgend bis zu den Straßen von Super-Cannes. Kletterpflanzen umranken die Türme des Château Saint-Georges, die Villa Alexandra ähnelt mit ihrem blau überkuppelten Minarett einer Moschee, das Schlößchen Scott schmückt sich nach feiner altenglischer Manier mit neugotischen Stilelementen, und die Villa Champfleuri blickt auf einen japanischen Garten mit einer von Trauerweiden umflorten Pagode. In Cannes wird der Gast also unmittelbar konfrontiert mit

Cannes Prachtboulevard La Croisette lädt abends zum Flanieren ein

der geschichtlichen Karriere der Côte d'Azur, wie sie in Gestalt solch aufwendiger Privatarchitekturen durch Aristokraten von Herkunft und von Geldbeutels Gnaden während der Belle Epoque beflügelt worden ist. Das Zeugnis eines wahrhaft Eingeweihten: »Wenn es sonst überall regnet«, sprach Jean Cocteau, »kann man hier den Regenschirm zwar zu Hause lassen, darf aber nie ohne Brieftasche ausgehen, weil allzu viele Verlockungen warten.« Sicher hat er damit auch die gastronomischen Reize gemeint, die sich in der typischen Küche von Cannes als ein ideales Zusammentreffen provençalischer Gepflogenheiten mit den köstlichsten Meeresfrüchten gestaltet haben. Die alljährlichen Internationalen Filmfestspiele, diverse sonstige Festivals, die Salons, Messen und Kongresse, die beiden Casinos, zwischen denen sich die Croisette als die »internationalste Promenade der Welt« erstreckt: Dies ist die Schauseite von Cannes, während die Gastronomie gewissermaßen deren delikates Innenleben mit flüchtigeren Köstlichkeiten verbrämt. Luxus auf der ganzen Linie – unter den insgesamt 4800 Zimmern der 120 Hotels entfallen nicht weniger als 1800 auf die Luxusklasse, 1225 halten immerhin Drei-Sterne-Komfort, indes lediglich 425 Zimmer mit »nur« einem Sternchen ausgewiesen sind. Hinzu kommen rund 3000 Studios, Wohnungen und Villen für die nach individuellen Ansprüchen abgestuften Formen der Urlaubsgestaltung. Die absolute Spitzenklasse ist freilich im Hotel Carlton Inter-Continental vertreten: Hier gibt es eine Suite für 10 000 FF pro Nacht zu mieten.

Sehenswertes

Casinos Die beiden berühmten Stätten des Spiels können von Personen über 18 Jahren (Ausweis erforderlich) ohne Einschränkungen besucht und besichtigt werden. Das *Palm Beach* ist vom 1. Juni bis 31. Okt. tgl. ab 20 Uhr geöffnet, das *Casino Municipal* vom 1. Nov. bis 31. Mai tgl. ab 17 Uhr und die Spielsäle des *Casino des Fleurs* in der Rue des Belges ganzjährig von 15 bis 3 Uhr morgens.

La Croisette Dieser Prachtboulevard zieht sich vom alten Hafen beim Palais des Festivals et des Congrès vor den noblen Fassaden der Hotel- und Geschäftsbauten entlang der Baie de Cannes mit ihrem Strandstreifen bis zum Landvorsprung der Croisette beim Yacht-Club, Hafen und Casino von Palm Beach. Nach Osten schließen sich der Boulevard Eugène Gazagnaire und in entgegengesetzter Richtung hinter Le Suquet der lange Boulevard du Midi an.

Notre-Dame-de-l'Espérance Als einziges unter den 21 Gotteshäusern in Cannes ist die Wallfahrtskirche Notre-Dame-de-l'Espérance im Stadtteil Le Suquet von kunsthistorischer Bedeutung. Sie wurde 1520–1648 in der typisch südfranzösischen Variante der gotischen Architektur erbaut und birgt mit den Skulpturen der Madonna (17. Jh.) und einer hl. Anna (15. Jh.) zwei sehr stilvolle Werke.

Museum

Musée de la Castre Gleichfalls in Le Suquet kann neben dem alten Wehrturm im ehemaligen Schloß der Äbte von Lérins das Musée de la Castre mit seiner Sammlung archäologischer Funde und völkerkundlicher Objekte aus dem Orient, Afrika und Amerika besichtigt werden. Tgl. außer Mo 10–12 und 15–19 Uhr (Sommer), sonst 10–12 und 14–17 Uhr; geschl. 1. Nov. bis 15. Dez.

Einkaufen

Im Hintergrund des alten Hafens, beim Rathaus oder über die Allées de la Liberté gelangt man (nach Überquerung der Rue Félix-Faure) rasch zur Rue Meynardier. Diese könnte durchaus als »Goldene Meile« des Einzelhandels bezeichnet werden, wurden hier doch immerhin fünf Geschäfte (darunter ein Käseladen und zwei Metzgereien) mit dem famosen Gastronomiepreis »Mercure d'Or« prämiiert. Eine Straße auch der appetitlichen Wohlgerüche, verziert mit bunten Farben ihrer feinen Textilgeschäfte. Als Fußgängerzone sind die Rue Meynardier und mehrere Nachbarstraßen nicht nur so etwas wie ein edler Basar, sondern auch gleichsam eine offene Bühne, auf der sich Einheimische und Touristen munter vermengen. Anders ist es in der Rue d'Antibes, die ein Stück stadteinwärts, ungefähr parallel zur Croisette, verläuft (in Verlängerung der Rue Félix-Faure); hier finden sich lange Schaufensterzeilen mit den eleganten Auslagen der Haute-Couture-Boutiquen, Parfumerien und Juweliere.

Spaziergang

Von den Allées de la Liberté über die Rue d'Antibes geht man bis zum Pont des Gabres und dann durch die Rue Pasteur zur Croisette. Dieser folgt man in westlicher Richtung und kommt zum 1982 eröffneten Festival- und Kongreßpalast, der mit seinen imposanten Auditorien (bis zu 2400 Sitzplätze), Theater und vielen kleineren Sälen auf insgesamt 60 000 qm in der Esplanade Georges Pompidou einen ultramodernen Blickpunkt bildet. In der »Star-Allée« haben Größen des Films und des Showbusineß ihre Handabdrücke »verewigt«.

Wenige Fischerboote und unzählige Yachten liegen im Vieux Port am Pantiero und dem Quai Saint-Pierre vor der Hügelkulisse des Suquet mit seinen Türmen der Espérance-Kirche und der sarazenischen Wehrbauten. Im Stadtviertel zwischen Hafen und Hügel verzweigen sich enge und teils sehr malerische Gassen; auf dem Marché Forville wie auch in den Allées de la Liberté werden stets bunte Märkte abgehalten. Den Place Lord Brougham schmückt ein Standbild des englischen Gentleman, dem man auf diese Weise als Begründer des Fremdenverkehrs in Cannes Ehren erweist. Am Ende der Croisette, beim Hafen »Pierre Canto«, stehen im Umkreis des Palm Beach zahlreiche Nobelresidenzen. Hier sollte man durch den Rosengarten und die Anlagen Alexandre III flanieren. Auf dem Place de l'Etang wird oft Pétanque gespielt, und wenn man in nördlicher Richtung auf den Stadtteil Super-Cannes zugeht, können unterwegs die russische Kirche, die Kapelle Bellini und der schöne Park Fiorentina besichtigt werden.

Restaurants

L'Amphore
11, Rue Louis-Blanc
Tel. 93 99 25 17
Sa morgens geschl.
2. Kategorie

La Brouette de Grand-Mère
9, Rue d'Oran
Tel. 93 39 12 10
So geschl.
1. Kategorie

Le Royal Gray
38, Rue des Serbes
Tel. 93 68 54 54
So, Mo und im Feb. geschl.
1. Kategorie

La Taverne Lucullus
4, Marché Forville
Tel. 93 39 32 74
Mo geschl.
3. Kategorie

Hotels

Acapulco
16, Boulevard d'Alsace
Tel. 93 99 16 16
2. Kategorie

Carlton Inter-Continental
58, Boulevard de la Croisette
Tel. 93 68 91 68
Luxuskategorie

Le Chardon
148, Rue d'Antibes
Tel. 93 94 52 86, 3. Kategorie

Festival
3, Rue Molière
Tel. 93 38 69 45
20. Nov.–15. Jan. geschl.
3. Kategorie

National
8, Rue Maréchal Joffre
Tel. 93 39 91 92, 3. Kategorie

Service

Direction Générale du Tourisme
Esplanade Président Georges Pompidou/B.P. 262
F-06400 Cannes
Tel. 93 39 01 01

Ziele in der Umgebung

Tagesausflüge entlang der Côte d'Azur bis Menton oder durchs Hinterland zu den Schluchten des Verdon sowie in die Alpen um Valberg und durch die Gebirgstäler des Daluis, des Cians und der Tinée werden mit Bahnbussen durchgeführt (Auskünfte: SNCF; 5, Square Mérimée, Tel. 93 39 79 40). Von Juni bis September fahren morgens ca. stündlich sowie 14–16 Uhr jede halbe Stunde Boote zu den Inseln von Lérins; Rückkehr um 19 Uhr. Von Oktober bis Juni verkehren sie mit eingeschränktem Fahrplan zwischen 7.30 und 14.45; Rückkehr um 17 Uhr. Eine besondere Attraktion sind die Überfahrten mit dem modernen »Le Nautilus« (Dauer 1,5 Stunden), aus dessen Unterwasserfenstern das Leben auf dem Meeresgrund bei den Inseln zu beobachten ist. Abfahrt vom Gare Maritime beim Festivalpalast.
Reservierung: Tel. 93 99 62 01

Le Cannet Der Boulevard Carnot führt in das 3 km von Cannes gelegene »Dorf der 7 Hügel«, das mitsamt den Streusiedlungen seiner Umgebung inzwischen bereits eine Stadt von 40 000 Einwohnern geworden ist. An historischen Sehenswürdigkeiten finden sich hier die mittelalterlichen Wachttürme »Danys« und »Calvys« (12. Jh.) und außer mehreren schlichten Kirchen (14.–16. Jh.) auch die Kapelle Saint-Sauveur, die der moderne Maler Tobiasse mit seinen Gemälden ausgeschmückt hat (nordöstlich vom Zentrum, Ecke Rue Saint-Sauveur/Rue des Ardissons).

Corniches de l'Estérel Der Küstenstrich westlich von Cannes mit seinen Badeorten La Napoule, Théoule-sur-Mer, Miramar, Le Trayas, Anthéor und Agay wird auch das »Goldene Ufer« geheißen, obwohl am zerklüfteten Cap Roux und über der Bucht von Agay die roten Porphyrfelsen überwiegen. Über gewundene Straßen und eine Vielzahl von Wanderwegen kann man Exkursionen ins Massif de l'Estérel rings um den 496 m hohen Pic de l'Ours unternehmen. Das mit Mandelieu zum Doppelort verschwisterte La Napoule an der Mündung des Flüßchens Siagne (7 km von Cannes) ist als Ausgangsort bestens geeignet und verfügt mit seinen diversen Schwimmbädern, Sportanlagen und dem Flugplatz (Pilotenschule) über eine vorzügliche Fremdenverkehrsstruktur. Polo und Pferderennen sorgen ebenso wie weitbekannte Radfahrerwettbewerbe und Ruderregatten für sportliche Attraktionen. Der in einem 10 Hektar großen Pinienhain angelegte

Golfplatz wird oft als der schönste ganz Europas bezeichnet, und mit zwei großen Marinas am Meer und drei kleineren Häfen hinter der Flußmündung erweist sich Mandelieu-la-Napoule vollends als eines der besteingerichteten Ferienzentren im französischen Süden. Den Tälern von Siagne und Riou kann man aufwärts ins Mittelgebirge folgen, wobei sich die Wälder von Tanneron gut zu Wanderungen eignen, auf denen man von vielen Stellen prächtige Blicke über den Estérel, über die Bucht bis nach Cannes und zu den Iles de Lérins gewinnt.

Fréjus

Stärker als nach Cannes orientieren sich in vielfacher Hinsicht die Orte der südwestlichen Corniches de l'Estérel nach Fréjus, das im Mündungsgebiet des Argens am Rand einer schönen Meeresbucht liegt. 50 Kilometer Strände, Buchten und Calanques prägen diese Küste zwischen Agay und Saint-Aygulf, für die das antike »Forum Julii«, gelegentlich auch das »Pompeji der Provence« genannt, den besten Anschluß ans Binnenland ermöglicht. Schon in der Antike war das benachbarte Saint-Raphaël eine Vorstadt und Wohnort der feinen Leute von Fréjus; das Casino von heute steht auf den Grundmauern eines römerzeitlichen Prachtbaus. Die Kirche Saint-François in Fréjus erhebt sich auf einer Terrasse beim einstigen »Gallischen Tor«, und in der Kathedrale (um 1200) befindet sich noch eine spätantike Taufkapelle (5. Jh.). Die bedeutendsten Sehenswürdigkeiten von ehedem sind die Reste des Amphitheaters und des Aquädukts. Trotz dieser Relikte und noch zahlreicher weiterer Bauzeugen von einstiger Größe in dem Bereich der römischen Hafenstadt wirkt die bauliche Gestalt des jetzigen Urlaubszentrums mit vielen Hochhäusern und Baukomplexen der Ferienwohnungen ausgesprochen neuzeitlich. In der Tat hat sich diese dominierende »Skyline« erst im Lauf der letzten drei Jahrzehnte rasant entwickelt.

Sehenswertes

Cité Episcopale Die Kathedrale (10./12. Jh.) mit dem alten Baptisterium (5. Jh.), das angrenzende Kloster (13. Jh.) mit Nebengebäuden (darin das archäologische Museum) und der ehemalige Bischofspalast (14. Jh.) vereinen sich als »Cité Episcopale« zu einem außergewöhnlich geschichtsträchtigen Ensemble. Das Gotteshaus mit seinen frühgotischen Gewölben, dem Chorgestühl aus dem Jahre 1441 und Gemälden des bedeutenden Malers der sogenannten naiven Schule von Nizza Jacques Durandi (1450) birgt auch Grabdenkmäler mit den Figuren zweier Bischöfe (14./15. Jh.). Kunsthistorisch sehr wertvoll sind auch die mit reichen Schnitzereien verzierten Türflügel aus der Renaissance. Aus der Vorhalle gelangt man in den sehenswerten Kreuzgang (13. Jh.) mit seinen ausgemalten Gewölben.

Eglise des Templiers (Saint-Raphaël) Die von Tempelrittern erbaute Wehrkirche aus dem 12. Jh. kann tgl. außer So von 10–12 und 14–18 Uhr (Winter 11–12 und 14–17 Uhr) besichtigt werden.

Fréjus

Moschee An der Straße nach Fayence erhebt sich dieses auffällige Gebäude, »Missiri« genannt und in den Formen sudanesischer Sakralarchitektur errichtet (nur Außenbesichtigung).

Pagode Unweit der Moschee und bei dem neuzeitlichen Stadtbezirk der »Villages provençaux du Capitou« trifft man eine aus rotbemaltem Holz konstruierte Säulenhalle an. Davor bewachen steinerne Ungeheuer den Treppenaufgang. Dieser buddhistische Tempel wurde im Ersten Weltkrieg bei einem Friedhof mit den Gräbern von 5000 annamitischen Soldaten erbaut.

Römische Bauwerke An der Straße nach Cannes liegt das große *Amphitheater* (tgl. außer Di 9.30–12 und 14–19 Uhr, im Winter bis 16.30 Uhr). Rund 10 000 Zuschauer konnten sich um die ovale Arena (114×82 m) versammeln. In der Nähe trifft man gut erhaltene Teile der antiken Mauer, und etwas weiter (Richtung Cannes) sind die Relikte des einst 40 km langen *Aquädukts* zu sehen. Im Süden der Stadt können jederzeit die Gebäudereste und Kaianlagen am *Römerhafen* mit dem turmartigen Seezeichen »Laterne des Augustus« besichtigt werden. Von drei *Stadttoren* aus jener Zeit – Porte de Rome, Porte des Gaules, Porte d'Orée (3. Jh.) – ist das letztere am besten erhalten.

Museum

Kathedralenmuseum Grabungsfunde, Skulpturen und Mosaiken aus dem römischen Stadtgelände

Das römische Amphitheater von Fréjus bot 10 000 Zuschauern Platz

werden im Nebengebäude beim Kreuzgang der Kathedrale aufbewahrt. Tgl. außer Mi 9.30–12 und 14–18 Uhr (Winter bis 16.30 Uhr).

Spaziergang

Saint-Raphaël Palmen säumen die Strände und die Promenade, die ständig von regem Leben erfüllt ist. Beim Cours Jean-Bart steht eine Pyramide, die an Napoleons Rückkehr (9. Okt. 1799) aus Ägypten erinnert. Nach Umrundung des Hafens und des Casinos kann man von der Promenade des Boulevard de la Libération nicht nur eine schöne Aussicht auf das Meer und die vorgelagerten Felsinselchen genießen, sondern sollte sich auch vergegenwärtigen, daß hier im August 1944 der Schauplatz eines historischen Aktes von erheblicher Geschichtsbedeutung war, als amerikanische und französische Truppen an Land gingen und die deutschen Besatzungstruppen ins Hinterland drängten.

Restaurants

Aux Ambassadeurs (Saint-Raphaël)
Quai Albert 1er
Tel. 94 95 10 65
25. Dez.–15. Jan. geschl.
3. Kategorie
Bon Franquette (Fréjus)
Chez Nadia/Rue Priol-Laporte
Tel. 94 53 31 52, 1. Kategorie
Le Pavillon de la Mer (Saint-Raphaël)
1184, Route Nationale 98
Tel. 94 95 17 17, 2. Kategorie

Hotels

Beau Séjour (Saint-Raphaël)
Promenade René-Coty
Tel. 94 95 03 75
15. Nov.–10. März geschl.
2. Kategorie
Les Flots Bleus (Anthéor)
Anthéor
Tel. 94 44 80 21
15. Okt.–15. März geschl.
3. Kategorie
Le Mistral (Saint-Raphaël)
80, Rue de la Garonne
Tel. 94 95 38 82
20. Okt.–16. März geschl.
3. Kategorie
Robinson Crusoe (Agay)
Quartier de la Baumette
Tel. 94 44 81 09
Ende Nov.–Mitte Feb. geschl.
3. Kategorie

Service

Office Municipal du Tourisme
325, Rue Jean-Jaurès
F-83600 Fréjus
Tel. 94 51 54 14
Office de Tourisme de Saint-Raphaël
Rue Jules-Barbier
F-83700 Saint-Raphaël
Tel. 94 95 16 87

Ziele in der Umgebung

Draguignan Rings um die auf dem »Glockenhügel« zusammengedrängte Altstadt entwickelten sich die neuzeitlichen Wohn- und Geschäftsbezirke. Ein Fest fürs Auge ist der typisch provençalische Markt, und das Ortsmuseum ermöglicht Einblicke in die historische Vergangenheit (tgl. außer So und Mo 10–11.45 und 15–18 Uhr). Eine besondere Kostbarkeit bildet im selben Gebäude die alte Bibliothek, in der die illustrierte Handschrift (14. Jh.) des weltberühmt gewordenen »Roman de la Rose« aufbewahrt wird. Aus uralten Zeiten blieb der »Feenstein« (Dolmen) erhalten, indes der amerikanische Militärfriedhof an die düsteren Geschichtsereignisse der jüngsten Zeit erinnert. Draguignan eignet sich als Ausgangsort für weitere Ausflüge, die z. B. zu den Schluchten des Verdon (Straße über Comps-sur-Artuby) mitten durch die eigentümlich anmutende Landschaft des Camp de Canjuers führen, dem größten Truppenübungsplatz ganz Europas. Empfehlenswert ist auch eine Fahrt von Draguignan über die D 4 nach Fayence.

Fayence Das Städtchen, 350 m hoch im Herzen des Departements Var gelegen, bildet den Mittelpunkt des sogenannten Pays de Fayence, in dem sich eine Vielzahl idyllischer Ortschaften befindet, in denen man noch eine Menge geschichtliches Flair spürt. Die meisten wurden im 11. und 12. Jh. gegründet und konnten einen hohen Anteil ihrer mittelalterlichen Bausubstanz bewahren. Fayence selber verfügt außer der Stadtkirche (18. Jh.) über eine hübsche Kapelle, Notre-Dame-de-Cyprès aus dem 11. Jh., ein sarazenisches Tor und beachtliche Teile seiner alten Wehrmauern. Vom Schloß hat man einen schönen Rundblick über die weite Umgebung, und auf dem Hügel von Banegons liegt ein kleiner See.

Die erheblich größere Wasserfläche des Stausees von Saint-Cassian (10 km von Fayence; 560 Hektar) ist ein beliebter Bade- und Tummelplatz für Wassersport aller Art. Das benachbarte Segelflugzentrum (Auskunft: Tel. 94 76 00 68) wurde 1973 als erstes in Frankreich anerkannt. Für Feriengäste besteht jederzeit die Möglichkeit zu Rundflügen (auch mit Motorflugzeugen).

Grasse

In sehr idyllischer und klimatisch begünstigter Lage breitet sich die »Capitale de la Parfumerie« (16 km von Cannes; 35 km von Nizza) auf ihrem Hügel (333 m) vor den Alpenketten aus. Die milden Temperaturen und die zwischen Meer und Gebirge ausbalancierten Wetterverhältnisse sind optimale Voraussetzungen für das Gedeihen einer wärmeliebenden Flora (wovon die Blumenbauern und Parfumfabriken ihren Profit haben); außerdem wird Grasse als einer der ältesten europäischen Luftkurorte nach wie vor zum heilsamen Aufenthalt für Asthmaleidende empfohlen. Desgleichen verbinden sich die landschaftsprägende Vielfalt der Vegetation und die durch gediegene Baugruppen romantisch anmutende Altstadt zu einem Urlaubsziel »wie aus dem Bilderbuch«. Angesichts der mit erheblichem Werbeaufwand die Besucher anlockenden Ausstellungs- und Verkaufshallen der großen Parfumerien wird oftmals übersehen, was alles sich außerdem an architektonischen und musealen Anziehungspunkten im Stadtinneren verbirgt. Mehr als zwei Dutzend Bauwerke (12.–18. Jh.) können während eines kurzen Spaziergangs von den Besucherparkplätzen am Place Neuve oder Cour Cresp aus besichtigt werden.

Sehenswertes

Altstadt Durch das Neutor (Porte Neuve beim Boulevard Gambetta) östlich oder die Rue Ossola südwestlich des Siedlungskerns auf dem Hügel gelangt man ins Gewinkel der Gäßchen und steilen Treppen, die eine Reihe hübscher Platzanlagen verbinden. Seien es die Arkaden am Place aux Aires oder die Kirchenfassade am Place du Petit Puy: Selbst im Menschengewimmel zur Ferienzeit haftet diesen ummauerten und teils von alten Bäumen beschatteten Freiräumen des öffentlichen Lebens noch viel von der charakteristischen Intimität und sprichwörtlichen Geborgenheit der mediterranen Siedlungsformen an. Einen Stadtplan braucht man zur

Orientierung kaum, es sei denn zwecks näherer Bestimmung der zahlreichen Baulichkeiten (erhältlich im Touristenbüro, 6, Place de la Foux).

Notre-Dame-du-Puy Die Kathedrale stammt aus dem 12. Jh. und wurde im 17. Jh. erneuert. Im Inneren sind als kostbare Schätze drei Rubens-Gemälde, ein Frühwerk (»Fußwaschung«) von Fragonard sowie ein Altarbild (Triptychon) des Louis Bréa (von Nizza) vorhanden.

Museen

Musée d'Art et d'Histoire de la Provence In einem schönen Gebäude aus dem 18. Jh. sind die reichen Sammlungen alter Fayencen, Möbel, Kostüme, Geräte und sonstigen Objekte zur Volkskunde der Region untergebracht.
Rue Mirabeau
Öffnungszeiten s. Musée Fragonard

Musée Fragonard Am Stadteingang, nahe beim Parkplatz auf dem Cours H.-Cresp, werden in der Villa-Musée Fragonard Originalgemälde, Serien mit Reproduktionen und Dokumente zur Erinnerung an den aus Grasse gebürtigen großen Maler präsentiert.
23, Boulevard Fragonard
Tgl. außer Mo 10–12 und 14–18 Uhr (im Winter 17 Uhr); 2. und 3. So im Monat und Nov. geschl.

Musée de la Marine Erinnerungsstücke an den im amerikanischen

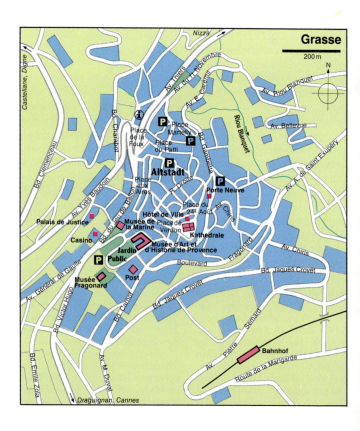

Unabhängigkeitskrieg engagierten Admiral von Grasse.
Mo–Fr 10–12 und 14–17 Uhr
Musée des Trains miniatures Das Sommer 1987 eröffnete Museum an der Route Nationale 85 (Straße von/nach Cannes) birgt auf 400 qm Ausstellungsfläche über 2500 Anlagen und Einzelstücke von Modelleisenbahnen. Mit Märklin, Fleischmann, Bing und anderen weltbekannten Marken finden Freunde dieses Hobbys hier ein nostalgisches Arsenal auf kleinen Gleisen.
Tgl. 9–19 Uhr

Einkaufen

Im engsten Sinn die weltweit »ersten Adressen« für Einkäufe von Parfumeriewaren sind die Verkaufshallen der beiden großen Duftstoffproduzenten *Gallimard* (73, Route de Cannes) und *Molinard* (60, Boulevard Victor-Hugo). Tgl. 9–18.30 Uhr. Visiten im *Internationalen Parfum-Museum* und bei den Firmen *Fragonard* und *Fleuron* sind ebenfalls möglich. Empfehlenswert ist ein Ausflug zur *Confiserie des Gorges du Loup* im nahen Tourrette (ganzjährig geöffnet), wo man nach Besichtigung der Herstellungsräume eine Fülle von landestypischem Naschwerk kaufen kann, von kandierten Früchten über Fruchtbonbons aller Art bis hin zu feinsten Schokoladen und Konfitüren.

Restaurants
L'Amphitryon
16, Boulevard Victor-Hugo
Tel. 93 36 58 73
Aug. und feiertags geschl.
2. Kategorie
Le Fragonard
Boulevard du Jeu-de-Ballon
Tel. 93 36 15 15
2. Kategorie
Lou Pignatoun
13, Rue de l'Oratoire
Tel. 93 36 11 80
August geschl.
2. Kategorie

Hotels
La Bellaudière
78, Route de Nice
Tel. 93 36 02 57
3. Kategorie
Napoléon
6, Avenue Thiers
Tel. 93 36 05 87
20. Dez.–20. Jan. geschl.
3. Kategorie
Le Printania
Rue des Roses
Tel. 93 36 95 00
3. Kategorie
Le Régent
Route de Nice
Tel. 93 36 40 10
2. Kategorie

Service
Office de Tourisme
3, Place de la Foux
Tel. 93 36 03 56
F-06130 Grasse
Tgl. Mo–Sa von 9–12 und 14–19 Uhr; Juli und Aug. auch So von 9–12 Uhr

Ziele in der Umgebung
Bar-sur-Loup Den Ort überragt ein Schloß der Grafen von Grasse, darunter drängen sich hohe Häuser den Hang hinauf – das Ganze macht einen höchst altertümlichen Eindruck. In die Kirche (13.–17. Jh.) geht man durch ein Skulpturenportal der Gotik. Den Hochaltar ziert ein aus 14 Tafeln zusammengesetztes Retabel (15. Jh.) von Louis Bréa: das größte Gemälde der Region. Das interessanteste Kunstwerk gewahrt man unter der Empore: einen Totentanz (Ende 15. Jh.). Der Tod schießt hier als Bogenschütze seine Pfeile auf das tanzende Volk; die getroffenen Seelen werden zu Füßen Christi vom hl. Michael gewogen. Vom Kirchplatz führt eine Straße weg und schlängelt sich in die Schluchten des Loup.

Cabris 6 km von Grasse haben sich in diesem alten Dorf zahlreiche

Künstler und Kunsthandwerker niedergelassen. Von den Schloßruinen überblickt man ein Küstenpanorama von Nizza bis Toulon.

Gourdon Das vielleicht imposanteste Beispiel eines südfranzösischen Felsendorfs, ein wahres »Adlernest«, überragt die Schluchten des Loup. Für Touristen werden hier als Souvenirs Schnitzereien aus Olivenholz, Nußspirituosen, Nougat und Honig angeboten. Im Schloß (13.–17. Jh.) können Waffensammlungen, der Kerker mit einem Foltertisch und Gemälde (16.–19. Jh.) besichtigt werden; tgl. außer Di 11–13 und 14–19 Uhr. Von den Schloßgärten und Terrassen (entworfen von Le Nôtre) hat man eine herrliche Aussicht.

Über den malerischen »Paradiespfad« ist ein zweistündiger Abstieg nach Pont-du-Loup möglich. Die Straße D 12 erklimmt hingegen von Gourdon das Plateau de Caussols mit einer einsamen Karstlandschaft voll bizarrer Felsen und beinahe wüstenartigen Flächen. Hier wurden schon mehrere Abenteuerfilme gedreht.

Opio Mit der Straße nach Villeneuve-Loubet gelangt man von Grasse (7 km) in den Ort der Ölbäume, der Rosen und des Jasmins. Die Blumenfelder dienen dem Nachschub für die Parfumerien, und wie ehedem werden in der historischen Ölmühle (zu besichtigen) die Oliven aus den Hainen um Opio verarbeitet.

Saint-Cézaire Exkursionen in die »Unterwelt«, nämlich in die großen Grotten, sowie Abstiege auch in geschichtliche Tiefen sind hier eine bedeutende Attraktion. Über einen Rundweg kann man prähistorische Dolmen und die keltisch-ligurischen Siedlungsreste von Adrech erwandern. Ruinen von Wehrmauern, eine Burg (13. Jh.) und das Schluchttal der Siagne sind weitere Ausflugs- und Besichtigungsziele, indes der Dorfgasthof mit seinen provençalischen Spezialitäten zum längeren Verweilen einlädt.

Hyères

Auf dem Boden von Hyères, dem flächenmäßig viertgrößten Gemeindebezirk ganz Frankreichs, finden sich Provence und Côte d'Azur gleichsam als Miniaturausgabe wieder, denn sowohl geographisch und naturgeschichtlich als auch in historischer Hinsicht sind hier alle regionaltypischen Aspekte dicht beieinander zu beobachten. Überreste des vorgeschichtlichen Oppidums von Costebeille, der griechisch-römischen Ansiedlung Olbia Pomponiana, Ruinen von Burg- und Stadtmauern, die ehemalige Kommanderie der Tempelritter sowie mehrere Forts und Kanonenbatterien repräsentieren die Abfolge der Epochen über mehr als zwei Jahrtausende. Die Naturlandschaften der Halbinsel von Giens und diejenigen der vorgelagerten Inseln, aber auch die Palmenalleen, Grünanlagen und landwirtschaftlichen Anbauflächen fassen sämtliche Charakteristika des gesamten Großraums ihrerseits in überschaubarer Dimension zusammen, und neben den schönen Küstenformen mit felsigen Einschnitten und sanften Sandbuchten gewährt das angrenzende Massif des Maures Ansichten und Eindrücke vom gebirgigen

Landesinneren. Schließlich, um das Beispiel »en miniature« zu komplettieren, kann sich Hyères auch zu Recht mit dem Beinamen »Wiege der Côte d'Azur« schmücken, denn eben hier ist es gewesen, wo an einem prächtigen Sonnentag des Jahres 1887 Stephen Liégeard beim Blick vom Bahnhof auf das Meer voll Lust ausgerufen haben soll: »Wie ist sie so schön doch, die Côte d'Azur!« Und als er wenig darauf, am Schreibtisch im heimatlichen Burgund, nach dem Titel für eine neue Erzählung suchte, wählte er kurzerhand diesen Namen, der zum Begriff werden sollte.

Sehenswertes

Eglise Saint-Louis Die Kirche wurde im 13.–16. Jh. an der Stelle erbaut, wo Ludwig der Heilige nach seiner Rückkehr vom Kreuzzug gebetet haben soll.

In dem schlichten romanisch-gotischen Gotteshaus sind verschiedene Sakralkunstwerke (14.–16. Jh.) zu besichtigen (Reliefs, Gemälde).

Eglise Saint-Paul Stilelemente der Romanik und der Gotik prägen auch diese Kirche.

Eine Treppe führt hinauf zum Renaissance-Portal, und nebenan wölbt sich an der Ecke eines Privathauses ein mächtiger Runderker desselben Stils hervor; schräg darunter blieb auch ein Stadttor-Durchlaß erhalten.

Tgl. 14.30–17.30 Uhr

Schloßruine Das wuchtige Gemäuer wird auf überaus romantische Weise von den Anlagen des Gartens St.-Bernard umgeben. Von den Mauern und umbuschten Terrassen öffnen sich weite Ausblicke.

Tour Saint-Blaise In der Altstadt, von deren fünf alten Toren noch beachtenswerte Relikte zu sehen sind, überragt der turmförmige Bau einer Kommanderie der Templer (um 1200) das malerische Gassengewinkel und dominiert vor allem den Marktplatz.

Museum

Musée Municipal Im städtischen Museum von Hyères kann man sich nicht nur anhand der Grabungsfunde ein Bild von den verschiedenen Siedlungsstufen der Vor- und Frühgeschichte machen, sondern erhält auch interessante Hinweise auf die bis heute rätselhaften »Dalles à Cupules«: beeindruckende Steinritzungen und -höhlungen, von Menschenhand geschaffen, die nachweislich der Megalithkultur zu verdanken sind.

Pl. Th.-Lefèvre

Tgl. außer Mi von 10–12 und 15–18 Uhr

Restaurants

L'Anse de Port-Cros
auf der Insel Port-Cros
Tel. 94 05 90 97
2. Kategorie

Auberge de l'Orée du Bois
auf der Insel Porquerolles
Tel. 94 58 30 57
2. Kategorie

Le Québécois
Costebelle (D 559)
Tel. 94 58 03 89
1. Nov.–15. Dez. geschl.
2. Kategorie

Hotels

Hôtel Lido
Avenue Emile-Gérard
Tel. 94 58 03 15
3. Kategorie

La Méditerranée
Avenue de la Méditerranée
Tel. 94 58 03 89
3. Kategorie

Le Paris
20, Avenue de Belgique
Tel. 94 65 33 61
3. Kategorie

Hyères

Service
Office du Tourisme
Rotonde Jean-Salusse
F-83400 Hyères
Tel. 94 65 18 55
Rapid Voyages
3, Rue du Portalet
Tel. 94 65 03 76

Ziele in der Umgebung

Bormes-les-Mimosas Ein wahres Labyrinth von Gäßchen, bunten Gärten, kleinen Plätzen mit hübschen Brunnen durchwandert man in diesem charmanten Ort. Zu Recht wird sein typisch provenzalischer Charakter betont, doch hat dieser Vorzug auch dazu geführt, daß es in der Sommerzeit hier von Besuchern nur so wimmelt.

Brignoles Im weiten Tal des Flüßchens Carami liegt die uralte Siedlung an der römischen Via Aurelia. Heute führt die Autobahn A 8 nahe vorüber. Im einstigen Palast der Grafen von Provence (Museum) sind noch Schätze aus der Antike zu bewundern, während in der Umgebung nicht nur römische Brunnen (Puits de Fassy, südlich der Stadt), sondern auch die Dolmen am Wanderweg nach Le Val auf die historischen Tiefen hindeuten. Aber auch mittelalterliche Monumente finden sich zuhauf, und die Klöster von La Celle und Le Thoronet erinnern an die Glaubenstradition dieser Gegend im Bannkreis des Bergmassivs der Sainte-Baume.

Cabasson und das Cap Brégançon Der hübsche Strand am Rand einer kleinen Bucht (im Sommer leider stark frequentiert) ist in Grün und zwischen Felsen gebettet. Auf dem Vorgebirge erblickt man den wuchtigen Umriß des Forts von Brégançon, das aber von gewöhnlichen Sterblichen nicht betreten werden darf: Dort ruht sich der französische Staatspräsident hin und wieder von seiner Macht-Arbeit aus. Vom Hügel über dem Dorf Cabasson erfaßt das Auge ein ebenso weitreichendes wie freundliches Panorama.

Cavalaire-sur-Mer Einer der breitesten Feinsandstrände an der gesamten Côte ist der Grund für ein riesiges Baukonglomerat an Hotels und Ferienhäusern, die sich bereits über die halbe Höhe der bewaldeten Küstenhänge hinaufgeschoben haben. Andererseits reicht die Naturlandschaft auf weiten Strecken noch ziemlich urwüchsig bis unmittelbar an die zerklüfteten Steilufer zu beiden Seiten der Orts- und Strandbezirke.

Collobrières Im Zentrum des Maurengebirges liegt das friedlich anmutende Dorf in einem kleinen Tal. Zweierlei sollte man hier nicht versäumen: eine Kostprobe vom Maronenmus, zu dem die Eßkastanienwälder ringsum ihre Früchte liefern, und einen Ausflug zu den knapp 10 km entfernten Klosterruinen der Chartreuse de la Verne (12.–17. Jh.) seitlich der Landstraße nach Grimaud.
Tgl. außer Di 10–18 Uhr (vom 1. Nov.–31. März bis 17 Uhr)

Cuers Geschichtsträchtig wie so viele Orte im Bereich des Massif des Maures: Römische Relikte des Oppidums von Castellas und der »Aquädukt der 7 Brücken« lassen erkennen, daß die Naturlandschaft dieser Breiten in Wahrheit eine weithin von kulturellen Zeugnissen durchsetzte Gegend ist – man muß nicht einmal lange nach den Monumenten suchen. Und die alte Pfarrkirche (11. Jh.) dokumentiert die Überwindung der »heidnischen« Epochen.

Halbinsel Giens Südlich von Hyères lagern schöne Badeorte an der Küste, deren Strände sich insgesamt über fast 35 km erstrecken. Von Hyères-Plage fährt man über einen Straßendamm zwischen dem Meer

Hyères

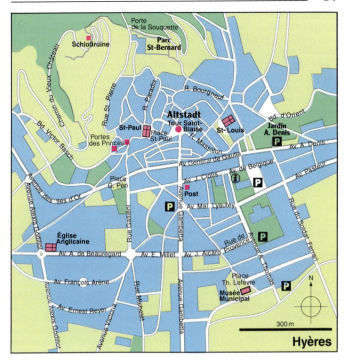

und den weitflächigen Verdunstungsbecken der Salinen auf die 4 km lange Halbinsel. Der Ort Giens (12 km von Hyères) unterhalb der Burgruine ist das Zentrum vielfältiger Einrichtungen des Fremdenverkehrs: Acht größere Ferienanlagen, mehrere Hotels, Streusiedlungen von Ferienhäusern, Freizeithäfen und, beim alten Wachtturm »La Tour Fondue«, die Kais für die Überfahrtboote zu den Hyères-Inseln dienen dem touristischen Vergnügen. Es gibt aber auch noch zahlreiche Stellen, wo man geschützt an der niedrigen Felsenküste baden kann, und im landwirtschaftlich genutzten Südosten der Halbinsel sind sogar relativ einsame Spaziergänge durchaus möglich.

Inseln von Hyères Der kleine Archipel wurde früher auch »die Goldinseln« genannt, vermutlich wegen der warmen Farbtöne seiner Ufergesteine. Die Ile de *Porquerolles* verfügt über mehrere gute Restaurants und Hotels, *Port-Cros* nur über das Hotel »Manoir d'Hélène«, und die *Ile du Levant* hat neun Hotels und ist mit ihren schönen Stränden ein Traumziel für Nudisten.

Le Lavandou Der volkstümliche Badeort, wenngleich ihm die gediegenen Hochburgen der Gastronomie keinesfalls fehlen, stellt gewissermaßen einen Gegenpol zu den mondäneren Seebädern dar. Feinsandige Strände am Neuen Hafen, etliche Badebuchten seitlich der Calanques du Four des Maures, der Pointe de la Fossette und der Pointe du Layet lassen den dichtbesiedelten Küstenstreifen von Saint-Clair über Aiguebelle bis hinüber zum östlicher gelegenen La Cavalière

beinahe zu einer einzigen Freizeitzone verschmelzen. Vom einstigen »Lavandula« der Römerzeit und über den späteren Fischerort hinaus führte die Entwicklung zu dieser touristischen »Hochburg«. Denkwürdig zeigt sich hier übrigens das enorme Mißverhältnis zwischen den riesigen Mengen der Badelustigen und der verhältnismäßig winzigen Schar derer, die Le Lavandou und die Nachbarorte als vortreffliche Ausgangspunkte für Wanderungen in die küstennahen Maures nutzen. Unter den zahlreichen Wegen längs der Küste und durch die Wälder sind allerdings nicht wenige im Juli und August aufgrund der permanenten Brandgefahr gesperrt. Wer nicht allzu gut zu Fuß ist, kann sich trotzdem einem bequemen Spaziergang hingeben: über den botanischen Pfad »de la Draye de la Croix d'Isle«. Auskünfte darüber und auch über die Bootsverbindungen zu den Iles d'Hyères erhält man beim:
Office du Tourisme
Quai G.-Péri
F-83980 Le Lavandou
Tel. 94 71 00 61

Le Luc Das große Dorf unweit der Autobahn Marseille–Nizza genießt einen besonderen Ruf als »Mekka der Briefmarkensammler« mit seinem *Musée de la Philatélie* im renovierten Schloß von Vintimille, das aus dem 17. Jh. stammt und in der Ortsmitte liegt. Tgl. außer Di 14.30–18 Uhr; im Winter bis 17.30 Uhr. Außerdem weist das *Musée Historique du centre Var* (Mi, Sa, So 10–12 und 15.30–19 Uhr) neben den Sammlungen zur Volkskunde auf eine ungewöhnlich reich bezeugte Vorgeschichte dieser Gegend hin. Nicht weniger als vier keltisch-ligurische Oppida (später als Fliehburgen genutzt) sind mit ihren teils erstaunlich großen Resten nahe Le Luc zu besichtigen. Ebenso viele Fundorte gibt es mit Steinartefakten aus dem Neolithikum, und des weiteren sind noch eine ganze Reihe von Dolmen und Menhiren ringsum erhalten geblieben. Für Wanderungen in die Vorgeschichte und auch zu mehreren mittelalterlichen Abteien und Burgruinen eignet sich dieser Ort vorzüglich. Informationen über:
Office Municipal de Tourisme
Place de la Convention
F-83340 Le Luc
Tel. 94 60 74 51
Im Sommer tgl. 10–12 und 15–18 Uhr

Le Rayol – Canadel-sur-Mer Der kleine Doppelort an der bewaldeten Steilküste zwischen Le Lavandou und Saint-Tropez gewährt nicht nur sehr schöne Panoramablicke bis zu den vorgelagerten Inseln, sondern ist auch abseits der benachbarten Zentren noch ziemlich ruhig geblieben. Mag sein, daß dies auch mit den etwas kieseligen Strandstreifen in kleinen Badebuchten zu tun hat – jedenfalls gehen hier die Urlaubstage weniger hektisch als in der stärker frequentierten Nachbarschaft zu. Naturfreunde und Wanderer wissen die stellenweise noch recht urwüchsigen Maures-Ausläufer zu schätzen, in die man über Fußpfade oder auf der gewundenen D 27 vordringen kann. Vom Col de Canadel hat man einen herrlichen Blick über das Meer und über weite Teile der Küste.

Menton

»Die Kunst zu leben und zu wohnen«: Mit diesem Slogan wirbt die Stadt im südöstlichsten Winkel Frankreichs um ihre Gäste. In der Tat finden sich in diesem buchstäblichen »Sonneneck« der Côte d'Azur höchst angenehme Vorkehrungen für einen Aufenthalt, der auch außerhalb der von südländischem Charme durchpulsten Hotel-Restaurants von wunderschönen Kulissen profitiert. Dazu gehören zunächst die öffentlichen Parks und Gartenanlagen (insgesamt über zwei Dutzend), die großenteils mit schier traumhaften Ensembles aus exotischen Pflanzen, klassischen Pavillons, Brunnen und Skulpturen ausgestaltet wurden. Die enorm vielfältige und wuchskräftige Vegetation der Palmenalleen, bepflanzten Terrassen, Verkehrsinseln, Vorgärten, Innenhöfe und auch der bis an die Stadtgrenze heranreichenden Wälder ist den hier ganz dicht ans Meer rückenden Alpen zu verdanken, die kalten Winden von Norden keinerlei Durchzug gewähren. Ebenso günstig ist das Klima für alle Arten von Zitrusbäumen, deren Fruchtfülle gleichfalls unmittelbar neben den bewohnten Bezirken in Plantagen und Gärten heranreifen kann. Ungezählte Zitronen und Orangen werden beim jährlichen »Zitronenfest« (Fastnacht) zu phantastischen Dekorationen verwendet, die an optisch herausragenden Plätzen im Stadtbild arrangiert oder im Festzug auf kuriosen Motivwagen mitgeführt werden.

Als Ausgangsort für Exkursionen in die Seealpen, nach Nizza (25 km), ins italienische San Remo (30 km) oder durch die nahegelegenen Täler von Borrigo, Carei und Gorbio mit ihren grandiosen Bergdörfern bildet Menton eine in verschiedener Hinsicht günstigere Station als das erheblich größere und entsprechend hektischere Nizza. Im übrigen ist es auch für Kunstliebhaber von Bedeutung, nicht zuletzt als Wirkungsstätte Jean Cocteaus, der das Bild der Altstadt treffend schilderte: »Erlesene kleine Festungen in Pastellfarben, deren asymmetrisches Äußeres an dasjenige eines menschlichen Gesichts erinnert.«

Sehenswertes

Altstadt und Friedhof Häuser aus dem 17. Jh. geben der Altstadt ihr Gepräge, dekorativ umrahmt vielerorts und gleichsam durchwachsen vom Baumgrün der Parks und Gärten sowie des alten Friedhofs oberhalb der Kirche Saint-Michel, der eine rare Sehenswürdigkeit an sich darstellt. Er wurde nämlich Mitte des 19. Jh. anstelle des alten Vento-Schlosses angelegt und enthält nicht nur recht eigenwillig anmutende Grabmalarchitekturen und Gruftfassaden, sondern gewährt von seinen Terrassen auch den schönsten Ausblick über Menton, die Meeresbucht und auch die anschließenden Partien der bereits zu Italien gehörenden Riviera.

L'Annonciade In 225 m Höhe auf einem wuchtigen Felssockel über Menton wurde bereits im 11. Jh. eine erste Kirche gegründet, der im 17. Jh. eine Ansiedlung des Kapuzinerordens folgte. Von letzterer sind noch Gebäude vorhanden, zu denen man über den »Rosenkranzweg« mit seinen 15 Kapellen (17. Jh.) hinaufsteigen kann. Noch jeden Sonntag wird hier die Messe gelesen, an einem Ort, der wie kaum ein zweiter in der weiten Umgebung für gläubige Riten von Natur vorherbestimmt erscheint: Gebirgsbastionen rings umher und zum Mittelmeer ein unvergleichliches Panorama, das an klaren Tagen bis weit nach Italien und sogar Korsika reicht.

Chapelle de la Conception Die 1687 errichtete »Kapelle der Weißen Büßer« (Pénitents Blancs) ist mit einem reichen Fassadenschmuck an plastischen Girlanden und Ornamenten versehen.

Eglise Saint-Michel Das barocke Gotteshaus (17. Jh.) wird überragt von einem 53 m hohen Glockenturm. Rote Säulen, Stuck und Deckenfresken lassen das Interieur ausgesprochen festlich erscheinen.

Gärten und Parks Bei der Avenue Blasco-Ibanez ist im Sommer der 3 ha große *Parc du Pian* mit seinen uralten Ölbäumen Auditorium für die musikalischen »Nächte von Pian«. 10 ha umfaßt der *Parc Saint-Michel* mit seinen Pinien, Mimosen und Eukalyptusbäumen, die den städtischen Campingplatz beschatten. Sportanlagen unter Palmen enthält der *Parc de la Madone*, und der *Jardin du Palais Carnolès* (tgl. außer Di 10–12 und 15–18 Uhr) besteht als prachtvoll gestaltete Anlage aus Gehölzgruppen und Beeten mit zahllosen exotischen Pflanzenarten. Gegenüber dem Casino wartet der Park *Les Colombières* mit zahlreichen Details seiner Brunnen, Plastiken und Zierarchitekturen auf, die dem »Geist der Antike« und mythologischen Themen gewidmet und nachempfunden sind. Der *Jardin botanique Val Rameh* ist mit seinen überseeischen Pflanzen (u. a. aus Asien, Australien und Neuseeland) dem naturgeschichtlichen Nationalmuseum angeschlossen (tgl. 10–12 und 15–18 Uhr; im Winter 10–12 und 14–17 Uhr).

Parvis Saint-Michel Im Herzen der Stadt ist dieser Platz mit seiner schönen Aussicht, dem schwarzweißen Bodenmosaik (Wappen der Grimaldi) und den barocken Kirchenfronten so etwas wie eine »gute Stube von Menton« und gibt seinen vorteilhaften Rahmen für kammermusikalische Veranstaltungen während der August-Festwochen her. Eine Freitreppe führt zum Quai Bonaparte hinunter.

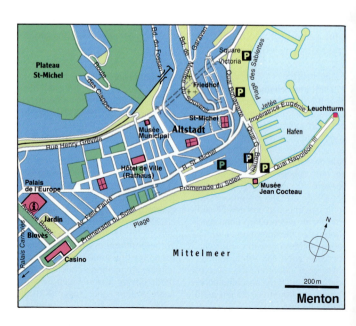

Menton

Promenade du Soleil Die palmengesäumte Uferpromenade mit den Bars, Cafés und Restaurants an ihrem inneren Rand ist eher ein Bindeglied als eine Trennungslinie am Übergang von Siedlungshang und Uferzone.

Rathaus Im Hôtel de Ville hat Jean Cocteau 1957/58 den Hochzeitssaal (Salle de Mariages) mit Wand- und Deckenfresken ausgeschmückt. Die Motive sind der antiken Mythologie entnommen und zeigen an der Wand Orpheus und Eurydike sowie am Plafond Engel und Pegasus.
Tgl. außer Sa und So 9–12 und 13.30–17 Uhr

Museen

Musée Jean Cocteau In einer wuchtigen Bastion (17. Jh.) am Alten Hafen sind Mosaiken, Keramiken, Zeichnungen und Bildteppiche des Künstlers zu besichtigen.
Im Sommer tgl. außer Di 10–12.30 und 15–19 Uhr; im Winter 10–12 und 14–18 Uhr

Musée de Préhistoire Régionale Eine Jahrmillion Menschheitsgeschichte an der Côte d'Azur wird anhand originaler Fundstücke aus 30 Jahren archäologischer Grabungstätigkeit durch Modelle vorzeitlicher Wohnhütten und audiovisueller Programme vorgestellt und nachgezeichnet.
Im Sommer tgl. außer Di 10–12 und 15–19 Uhr; im Winter 10–12 und 14–18 Uhr

Palais Carnolès: Musée Municipal Im einstigen Sommerpalast der Prinzen von Monaco werden Kunstwerke vom 13. bis zum 19. Jh. und auch die Moderne präsentiert.
Im Sommer tgl. außer Di 10–12.30 und 15–19 Uhr; im Winter 10–12 und 14–18 Uhr

Restaurants

Francine
1–3 Quai Bonaparte
Tel. 93 35 80 76
11. Nov.–20. Dez. geschl.
2. Kategorie

L'Orchidée
2, Rue Masséna
Tel. 93 57 95 85
Di geschl., 3. Kategorie

Table du Roy
31, Avenue Cernuschi
Tel. 93 57 38 38
Mo, So abends und 1.–15. Dez. geschl., 1. Kategorie

Hotels

Beaurivage
1, Avenue Blasco-Ibanez
Tel. 93 28 08 08
2. Kategorie

Floréal
Cours du Centenaire
Tel. 93 35 75 81
10. Okt.–11. Dez. geschl.
3. Kategorie

Terminus
Place de la Gare
Tel. 93 35 77 00
15. Okt.–1. Dez. geschl.
3. Kategorie

Service

Office Municipal de Tourisme
8, Avenue Boyer
F-06503 Menton
Tel. 93 57 57 00

Ziele in der Umgebung

Contes Auf einem Bergvorsprung in den Kastanienwäldern der Voralpen liegt das Dorf, in dessen Kirche (16. Jh.) ein Altarbild mit der hl. Magdalena François Bréa zugeschrieben wird. Vor dem Gotteshaus steht ein feiner Renaissance-Brunnen (1587), und von der angrenzenden Terrasse hat man einen herrlichen Blick in die umliegenden Täler. Aus dem Jahr 1508 ist eine kuriose Legende überliefert: Eine ungeheure Raupenplage suchte Contes heim, und die darüber verzweifelten Bürger wandten sich hilfesuchend an den Bischof von Nizza. Dieser kam, sah das Gewimmel, betete und gebot alsdann den Tierchen, sie hätten sich unverzüglich zu einem entlegenen Berg zu begeben. Mit seinem Hirtenstab markierte er den Weg, und tatsächlich zogen die Raupen in einer regelrechten Prozession von dannen.

L'Escarène Aus einem historischen Rastplatz an der Straße von Nizza nach Turin wuchs der Ort am Zusammenfluß der Wildbäche von Braus und Lucéram (Paillon de l'Escarène). Den schönsten Blick hat man von der Brücke auf die betagte Siedlung mit ihrer großen Barockkirche im italienischen Stil (darin eine wertvolle Orgel von 1791). Anmutig wirkt der Dorfplatz im Schatten seiner hohen Platanen.

Lucéram An Steilfelsen lehnen sich die Häuser des einst stark befestigten Dorfs, als stütze sich eins auf das andere. Für Ausflüge in die Täler der Voralpen ist der Ort ein empfehlenswerter Ausgangspunkt. Die Kirche Sainte-Marguerite (18. Jh.) wurde im italienischen Rokoko-Stil erbaut und beschirmt viel kostbare Altäre (15.+16. Jh.), darunter auch ein Retabel des bedeutenden Bréa und einen hl. Antonius von Canavesio (beide 1500).

Peille Unter einer Burgruine duckt sich inmitten einer wildromantischen Landschaft das Bergdorf mit seinen noch aus der gotischen Epoche stammenden Wohngebäuden an bergwärts gestaffelten Gassen. Arkaden am idyllischen Marktplatz umsäumen einen gleichfalls gotischen Brunnen. Unterhalb »stapeln« sich auf Geländeterrassen Olivenhaine und Gärten.

Peillon Auf rund zweistündigem Spaziergang kann man von Peille nach Peillon über eine alte Römerstraße wandern. Der Ort mit seinen gut restaurierten Gebäuden gilt als schönstes Dorf an der Côte d'Azur.

Roquebrune-Cap Martin Eine nahezu vollständig noch aus dem karolingischen Mittelalter erhaltene Burganlage (970 durch Graf Conrad von Vintimille gegründet) überragt das malerische Dorf hoch auf dem Küstenhang. Aus den Ziegeldächern hebt etwas tiefer die Kirche Sainte-Marguerite (13.–17. Jh.) ihren harmonisch proportionierten Turm hervor. Mehrere alte Kapellen am Fußpfad nach Menton und ein 1000jähriger Olivenbaum (angeblich der älteste Europas) sind Blickpunkte in der nahen Umgebung, die überdies sehr reich an wechselnden Panoramen über die Landzunge des bewaldeten Cap Martin ist. Dort unten sind antike Monumente zu besichtigen: die Ruinen des römischen Mausoleums von Lumone (1. Jh. v. Chr.) und die alte Säule »Colonne du Cap Martin«. Relikte einer Basilika (11. Jh.) und eines Klosters der Mönche von Lérins liegen verstreut (teils nicht zugänglich) im Gelände, das Standort luxuriöser Domizile und Gastronomiebetriebe ist. Sissi und Kaiserin Eugénie hielten sich vorzugsweise hier auf, wo noch jetzt ein hochkarätiger Tummelplatz der internationalen Hautevolee ist. Zu beiden Seiten des Cap Martin kann man auf ein- bis zweistündigen Spaziergängen entweder Menton oder Monaco erreichen.

Sainte-Agnès In 750 m Höhe liegt hinter Menton (Verbindung: D 22) dieses Dorf am Fuß einer enormen Felswand. Gewundene Gassen, teils überwölbt und teils mit Bodenmosaiken verziert, führen durch den malerischen Siedlungskern. Der prachtvolle Riviera-Blick und auch die zahlreichen Läden von Kunsthandwerkern und Andenkenhändlern haben Sainte-Agnès zu einem vielbesuchten Ausflugsziel werden lassen.

Sospel Über eine uralte Brücke (11. Jh.) kommt man auf den Nikolausplatz mit seinen Häusern über Arkadengängen. Ein Brunnen (15. Jh.) und einstige Herbergsgebäude mit Stallungen erinnern an Sospels frühere Bedeutung als Etappe an einem Handelsweg nach Italien. Der Ortsteil auf der anderen Bachseite ist ebenfalls von historischer Bausubstanz geprägt: Die Kathedrale (17. Jh.) erhebt sich neben dem Palais Ricci (dort logierte 1808 Papst Pius VII.), und durch die gewundenen Sträßchen kommt man von dort zur Rue Saint-Pierre mit ihren Bogengängen und einem weiteren Brunnen. Schließlich empfiehlt sich der Rückweg zur Brücke über den interessanten Fassaden mit Balkonen und Wandmalereien flankierten Bachweg.

Tende Am Oberlauf der Roya bildete dieser Ort schon im Mittelalter eine wichtige Station vor dem Alpenpaß an der Strecke von der Küste nach Piemont. Die strategische Lage hatte auch immer wieder kriegerische Folgen, etwa 1691, als die Franzosen beim Kampf gegen die Herren von Savoyen das befestigte Schloß der Lascari bis auf geringfügige Reste zerstörten, die nunmehr recht merkwürdig den Ort dominieren und zusammen mit einem riesigen Friedhof gleich daneben (oberhalb der Wohnbezirke) ein so augenfälliges wie fast gleichnishaftes Ensemble bilden.

Die eng aneinander gebauten Häuser, die Kirche mit ihrer Renaissance-Fassade und einem Skulpturenportal: All dies vereint sich zu Bild, das sich deutlich von den Bergdörfern weiter drunten bei Menton und Nizza unterscheidet. Zwar gibt es dieselben landschaftsprägenden Elemente – terrassierte Hanggärten und Felskulissen im Hintergrund –, doch wirkt hier alles irgendwie ernster, strenger und bei tristem Wetter geradezu dramatisch. Auch Sonnentage vermitteln eine ganz andere Stimmung als etwa am milden Küstenstrich.

Tende ist Ausgangspunkt für viele Exkursionen durch die Gebirgstäler beiderseits der Roya: nicht nur zum nahen La Brigue, das an der Levense unter einer Burgruine und dem Turm der Lascari noch einen wie mittelalterlich anmutenden Charakter zeigt, sondern auch ins *Vallée des Merveilles* mit seinen prähistorischen Felsbildern sowie über Seitenstraßen und Wandersteige ins Gebiet des Nationalparks Mercantour. Auch die Siedlungsformen mit vielen winzigen Weilern haben mit der eigentlichen Côte d'Azur praktisch nichts gemein, und doch gehören sie sowohl geographisch als auch infolge geschichtlicher Zusammenhänge durchaus dazu. Ein »Mittelding« ist dabei Breil-sur-Roya, halbwegs zwischen Tende und Menton, das landschaftlich und auch mit seinen an Kunstschätzen reichen Gotteshäusern (12.–18. Jh.) von beiden Extremen profitiert.

Wer nicht mehr Auto fahren mag, begibt sich mit der Eisenbahn nach Tende. Besonders schön sind die Bahnhöfe der Jahrhundertwende in dieser Gegend.

Monaco

Ohne Krieg oder diplomatische Anstrengungen hat der unabhängige Zwergstaat zwischen Nizza und Menton in den letzten drei Jahrzehnten sein Territorium um ein rundes Viertel auf die Fläche von nunmehr 195 Hektar vergrößern können. Dem Meer durch Sandaufspülung abgerungen, bedeutet jedes neue Stück Strand hier auch einen wichtigen Zugewinn an freiem Raum, der in dem Für-

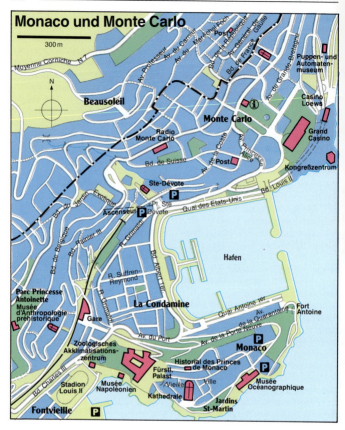

stentum generell ebenso knapp wie sündhaft teuer ist. Die drei verschiedenen Ortslagen sind infolge des urbanen Zusammenwuchses nicht mehr voneinander zu unterscheiden: La Condamine als hauptsächliches Geschäftsviertel, Monte Carlo als der Luxusort schlechthin und das eigentliche Monaco mit dem auf felsigem Sockel erbauten Regierungssitz.

Die primitiven Behausungen der Vorzeitmenschen waren am Anfang der Besiedlungsgeschichte, die von den Griechen und Römern weitergeführt wurde und danach ähnlich wie vielerorts an der Küste verlaufen ist. Seit Monaco sich 1641 unter das französische Protektorat stellte (ausgenommen die Annektion von 1793–1814), setzte sich seine Eigenständigkeit in Schüben bzw. Wechselfällen allmählich durch und besteht in der heutigen Form seit 1861. Seit damals leben die 4800 gebürtigen Monegassen und die 23 500 zugezoge-

Monaco / Nizza

nen »Neubürger« (zu 80 Prozent Franzosen) in einer Enklave des Wohlstands. Durch die Währungs- und Zollunion mit Frankreich und den historisch bewährten Status der toleranten Koexistenz kommt dieser Staat ohne auffällige Grenzen aus; lediglich weiße Wappensteine an den Straßen und Spazierwegen längs der Küste zeigen an, daß man den Boden von Monaco erreicht oder verlassen hat.

Sehenswertes

Fürstlicher Palast   Aus dem 16. und 17. Jh. stammt der Regierungssitz auf dem Felsen, vor dem jeden Tag um fünf vor zwölf die traditionelle Wachablösung wie ein eigens für die Kameras der Touristen inszenierter Auftritt durchgeführt wird. Der Ehrenhof und Teile der Palastanlage sind zu besichtigen.
Tgl. 9.30–12.30 und 14–18.30 Uhr (Okt.–Juni geschl.)

Museen

Historial des Princes de Monaco
Wenn man Wert darauf legt, einem Angehörigen der monegassischen Herrscherfamilie einmal persönlich zu begegnen, so ist dies hier möglich: im Wachsfigurenkabinett, wo sich Vorfahren und gegenwärtige Potentaten des Zwergstaats figural versammelt haben.
Tgl. 9–18 Uhr

Musée d'Anthropologie préhistorique   Aus der Grotte de l'Observatoire und etlichen anderen Höhlen wurden Überreste des sogenannten Grimaldi-Menschen geborgen, die hier als Attraktion zu besichtigen sind. Zum Museum gehört außerdem ein exotischer Garten mit Tropenpflanzen und riesenwüchsigen Kakteen.
Tgl. 9–18 Uhr

Musée Napoléonien   In einem Flügel des Fürstenpalastes werden sowohl Dokumente und Erinnerungsstücke aus Napoleons Tagen als auch Interessantes zur Geschichte Monacos gezeigt.
Tgl. außer Mo 9.30–12 und 14–18.30 Uhr (1. Juli–30. Sept.), sonst 9–11.30 und 14–17.30 Uhr

Musée Océanographique   In 64 Aquarien sind Lebewesen aus der submarinen Flora und Fauna des Mittelmeers zu betrachten. Des weiteren finden sich hier, gesammelt von dem wissenschaftlich ambitionierten Prinz Albert I., Skelette von Meeres-Säugetieren und ungezählte andere Objekte zur meereskundlichen Forschung.
Tgl. außer Mo 9–19 Uhr

Service

Direction du Tourisme
2a, Boulevard des Moulins
MC-98030 Monaco-Cédex
Tel. 93 30 87 01

Nizza

Eine ähnlich beeindruckende Siedlungsgeschichte weist kaum eine andere Stadt in Europa auf: Seit die Menschen von Terra Amata vor ungefähr 400 000 Jahren die günstige Lage an der Küste und vor den beinahe amphitheatralisch den Rand der Engelsbucht erweiternden Hügeln zur Bleibe wählten, hat es keine vorgeschichtliche, antike und spätere abendländische Kulturstufe gegeben, die sich nicht auch hier zur Geltung gebracht hätte. Und während anderwärts so viele epochale Zentren bedeutungslos oder gar ins Vergessen geraten sind, ist das Nizza von heute in vielerlei Hinsicht ganz auf der Höhe der jetzigen Zeit.

Das Wissen um solch erstaunliche Kontinuität kann den Reiz eines Besuchs gewiß erhöhen, wenn man die an der Mündung des kleinen Paillan herangewachsene und an den Hängen stellenweise fast aufgetürmte Großstadt durchbummelt. Beispiellos dürfte überdies auch der Gesichtspunkt sein, daß trotz des urbanen Riesenwuchses und bei aller wirtschaftlichen Entfaltung der Rang dieses Zentrums für den Fremdenverkehr ebenfalls an der Spitze im südfranzösischen Großraum steht, was freilich auch mit jenem zusätzlichen Faktor zusammenhängt, den die naturschöne und urlaubsträchtige Landschaft der unmittelbaren Umgebung darstellt. Des weiteren trägt zu all diesen Vorzügen die vom mediterran-heiteren Lebensgefühl durchwobene kulturelle Atmosphäre bei, die sich nicht allein durch diverse Festivitäten und während des weltberühmten Karnevals in Nizza äußert, sondern auch ungemein anregend auf kunstschaffende Menschen zu wirken vermag. Insofern liegt es genau in jener viele Jahrtausende fortdauernden Ausgestaltung von zunehmend verfeinerten Formen der Lebensqualität begründet, daß die Kunstschöpfungen der Vergangenheit und hervorragende Werke der Gegenwartskunst sich in Nizza ganz dicht beieinander finden und eine ungewöhnlich intensive Anschauung solcher Motive zum Vorschein bringen, die weit weniger an Zeiten und Stiltendenzen als vielmehr an Impulse denken lassen, denen die Kristallisation landschaftlich bedingter Eigenarten wesentlich zugrunde liegt. Am deutlichsten kommen derart unterschwellige Kraftströme oder Wirkungszusammenhänge dem Touristen überall dort vor Augen, wo auf dem Boden des griechischen »Nikaia«, des »Cemelum« (Cemenelum/Cimiez) der Römerzeit und der mittelalterlichen Grafschaft (nachmals Herzogtum) nunmehr längst die Hotel-»Paläste« aus der Belle Epoque das Stadtbild dominieren. Keine Wehrmauern mehr, auch keine Überbleibsel von düsteren Zwingburgen der älteren Vergangenheit – statt dessen aber prunkvolle Architekturen, die von vornherein keinem anderen Zweck als dem der möglichst komfortablen Freizeitgestaltung und Erholung dienen sollten. Nicht bloß mittelbar ordnet sich das Werk auch der bildenden Künstler, die längst aus den zu tiefschürfendem Ernst auffordernden Zwängen kirchlicher Auftraggeber in bedeutend freiere Spielräume der Kreativität entlassen worden sind, ebenso dem modernen Bedarf an kostbaren Dekorationen und feinsinniger Zerstreuung unter.

Die Plätze Masséna und Ile-de-Beauté, die Oper und die Grandhotels wie das »Régina« am Boulevard de Cimiez oder »Négresco« an der Promenade des Anglais dokumentieren architektonisch die neuzeitlichen Prioritäten, seit den ursprünglich auf Gartenbau und Handel gegründeten Wirtschaftszweigen der Fremdenverkehr, die Universität und vielerlei Dienstleistungsbereiche gleichsam den Rang abgelaufen haben. Beispiele dafür sind sicher der wichtige internationale Flughafen und das 15 Kilometer entfernte Wissenschaftszentrum in Valbonne-Sophia-Antipolis, in dem sich rund 160 Betriebe der Forschung und High-Tech-Produktion angesiedelt haben. Deshalb ist Nizza als Urlaubsziel beileibe nicht nur wegen seiner sonnigen Strände, noblen Herbergen und Ausflugsgelegenheiten zu empfehlen, sondern darf auch als wahres Paradebeispiel dafür betrachtet werden, daß eine räumliche Trennung zwischen Wirtschaftsregion und Feriengebiet unter solch guten Voraussetzungen wie in dieser Gegend immer unwesentlicher wird.

Sehenswertes

In Anbetracht des großstädtischen Verkehrs ist eine Stadtrundfahrt im eigenen Wagen weniger anzuraten. Statt dessen bieten sich die öffentlichen Verkehrsmittel (Busse) und zwecks ersten Überblicks ein Trip mit der touristischen »Minibahn« an, die tagsüber alle 20 Minuten von der Promenade des Anglais beim Haltepunkt gegenüber dem Park Albert I. abfährt (diese Stadtbesichtigung wird auch deutsch kommentiert). Dieser Kurs führt über die Blumenmarkt, durch die Altstadt und zu den Gärten am Schloßberg. Das neuzeitliche Stadtzentrum mit seinen Plätzen, Brunnen und lebhaften Straßen läßt sich gut zu Fuß besichtigen.

Chapelle de la Miséricorde 1736 legte man den Grundstein für die Kapelle, die der Bruderschaft der »Schwarzen Büßer« gehörte: einer christlichen Vereinigung wohlhabender Bürger der Stadt.

Jardin Albert I Nach Eindeichung der Flußmündung des Paillon wurde hier 1855 ein erster Garten angelegt, dem 1895, als der Wasserlauf vor dem Casino vollends überdeckt worden war, weitere Flächen hinzugefügt wurden. In Meernähe befinden sich jetzt ein Freilichttheater und das Monument zur Erinnerung an den 1792 erfolgten Anschluß Nizzas an Frankreich.

Place Garibaldi Säulengänge und ebenmäßige Baugruppen prägen diesen 1784 noch vor den Toren des damaligen Stadtzentrums angelegten Platz, dessen einheitlich wirkende Gestaltung den Beginn der räumlichen Ausweitung in der neueren Stadtgeschichte markiert. Den Plan dafür fertigte Antoine Spinelli.

Place Ile-de-Beauté Über dem Hafen wurde um 1850 dieses formschöne Ensemble mit bemerkenswerten Bauten im klassizistischen Stil realisiert.

Place Masséna Klassizistische Fassaden im genuesischen Stil umgeben den 1815 mit Fassaden über Bogengängen, Brunnen und gärtnerischen Anlagen gestalteten Platz im Mittelpunkt der Stadt.

Promenade des Anglais Hochwürden Lewis Way, ein englischer Geistlicher, gilt als Urheber eines 2 m breiten Küstenpfades (1824 angelegt), der sogleich in der Bevölkerung als »Weg des Engländers« bezeichnet wurde. 1844 erfolgte die offizielle und noch heute gültige Benennung der nach und nach verbreiterten Strecke. Das jetzige Aussehen der prächtigen Promenade kam beim Ausbau um 1930 zustande (Einweihung 1931 durch den Herzog von Connaught, einen Sohn der Königin Victoria).

Russische Kirche Deutlich ist diesem Monument die stilistische An-

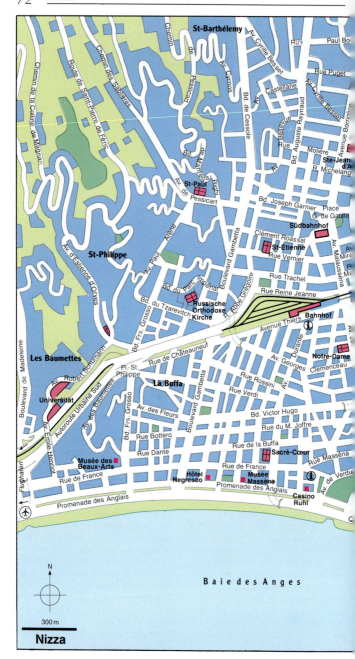

Nizza 73

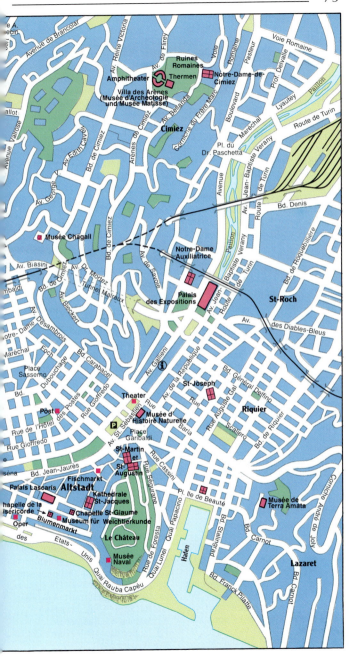

lehnung an die berühmte Moskauer Basiliuskathedrale anzusehen. Im russisch-orthodoxen Sakralstil 1903–1914 errichtet, gilt sie als schönstes Beispiel dieser Architektur außerhalb der UdSSR.

Saint-Augustin Ursprünglich war das Gotteshaus dem hl. Martin als Schutzpatron geweiht. Hier, nahe beim Schloßberg, soll Martin Luther 1510 eine Messe gelesen haben. Im Chor kann eine Pietà (1489) von Louis Bréa bewundert werden. Von historischem Erinnerungswert ist hingegen die als Kopie ausgehängte Taufurkunde des Freiheitskämpfers Garibaldi, datiert vom 19. Juli 1807.

Saint-Jacques Dieses Gotteshaus, auch »Jesuskirche« geheißen, ist Anfang des 17. Jh. mit den Spendengeldern reicher Kaufleute im barocken Stil erbaut worden. Das Innere enthält eine sehr kostbare und stilvolle Ausstattung.

Sainte-Réparate Um 1650 (Glockenturm 1730) wurde die Kathedrale unter Bischof Palletis errichtet. Mit ihrer Kuppel aus glasierten Ziegeln und einer üppigen Zier an Marmor- und Stuckplastiken läßt sie augenfällig erkennen, daß an weltlichen Blütezeiten auch stets die Kirche ihren Anteil genommen hat.

Schloßberg Der heutige Park bezieht die sehenswerten Ruinen des historischen Zentrums mit ein. Außer spärlichen Spuren der Antike und des Mittelalters sind es Reste der einstigen Zitadelle und zweier Kathedralen (11.–15. Jh.), die nunmehr in Rasengrün und Blütenflor eingekleidet erscheinen.

Museen

Musée d'Archéologie Das im Januar 1989 am Westrand der antiken Thermen eingeweihte Museum birgt reiche Fundsammlungen von der vorchristlichen Eisenzeit über die römische Epoche bis ins hohe Mittelalter.
160, Avenue des Arènes
Tgl. außer So morgen, Mo und Nov. 10–12 und 14–18 Uhr (Winter bis 17 Uhr)

Musée et Site Archéologiques Am Ort der römischen Siedlung sind hier nicht nur Skulpturen und Inschriftsteine, sondern auch Keramiken, Gläser, Münzen und Gerätschaften aller Art sowie Grabrekonstruktionen von den Fundstellen im Stadtteil Cimiez zu besichtigen; außerdem Keramiken und Bronzestatuetten etruskischer, griechischer und altrömischer Herkunft.
Avenue Monte Croce
Öffnungszeiten wie Musée d'Archéologie.

Musée d'Art et d'Histoire Das Palais Masséna mit seinen Räumen im Stil des Ersten Empire birgt neben den Sammlungen zur Stadtgeschichte auch sehr viele Objekte der provençalischen Volkskunst sowie eine wertvolle Gemäldekollektion der sogenannten »Primitiven von Nizza«. Angeschlossen ist die Bibliothèque du Chevalier Victor de Cessole mit einem raren Bestand an Inkunabeln, historischen Editionen, Manuskripten und Dokumenten insbesondere zur Geschichte der einstigen Grafschaft Nizza vom Mittelalter bis in die Neuzeit.
65, Rue de France
Tgl. außer Mo und Nov. 10–12 und 15–18 Uhr (Winter 14–17 Uhr)

Musée des Beaux-Arts Außer einer umfangreichen Sammlung der europäischen Kunst des 17./18. Jh. (u. a. Fragonard) präsentiert das Kunstmuseum Meisterwerke des 19. Jh. von der Romantik bis zum Impressionismus. Degas, Monet, Sisley und Renoir sind mit jeweils berühmten Gemälden vertreten, Carpeaux und Rodin mit Skulpturen, außerdem ein Wandteppich und Keramiken von Picasso. Ein separater Ausstellungsraum ist den Arbeiten von Raoul Dufy vorbehalten.
33, Avenue des Baumettes
Tgl. außer Mo 10–12 und 15–18 Uhr (Winter 14–17 Uhr)

Nizza

Musée Franciscain de Cimiez In den freskengeschmückten Bauten des Franziskanerklosters (17. Jh.) werden neben anschaulichen Eindrücken vom Mönchsleben und der Bedeutung dieser Abtei für die Nizzaer Vergangenheit des 13.–18. Jh. zahlreiche Kunstwerke und Dokumente zur missionarischen Tätigkeit des Ordens vermittelt. Die gotische Kirche, die Kreuzgänge und die Sakristei mit vielen weiteren Kunstschöpfungen (15.–17. Jh.) sind gleichfalls zu besichtigen.
Place du Monastère
Tgl. außer So 10–12 und 15–18 Uhr

Musée Matisse Gemälde, Graphiken und Skulpturen des Meisters in den 1987/88 völlig neu arrangierten Kollektionen dieser überregional bekannten Sammlung.
164, Avenue des Arènes
Di–So 10–12 und 14.30–18.30 Uhr (Winter 14–17 Uhr); So morgen, Mo und Nov. geschl.

Musée National Message Biblique Marc Chagall 17 große Gemälde, Skulpturen, Glasmalereien, Mosaiken und Bildteppiche (insgesamt ca. 450 Arbeiten) gewähren einen Einblick in das Schaffen Chagalls.
Avenue du Docteur Ménard
Juli–Sept. tgl. außer Di 9–19 Uhr, sonst 10–12.30 und 14–17.30 Uhr

Musée de Terra Amata Das Vorgeschichtsmuseum am Fundort des altsteinzeitlichen Jägerlagers dokumentiert mittels Karten, Graphiken, Modellen, Rekonstruktionen und anhand eines Originalabgusses der Grabungsprofile den spezifischen Ausschnitt jener urzeitlichen Kulturstufe des Acheuléen.
25, Boulevard Carnot
Tgl. außer Mo 10–12 und 14–18 Uhr; 1.–15. Sept. geschl.

Spaziergang

Vom Place du Palais de Justice folgt man der von schönen Altbauten flankierten Rue de la Préfecture bis zur Chapelle Sainte-Rita, hinter der (nach links) die Rue Droite zur Jesuskirche (1607–50) und zum Place Rossetti an der Kathedrale Sainte-Réparate führt. Weiter auf derselben Straße zum Palais Lascaris (1650; Museum). Von dort nach rechts mit der Rue de la Loge zu den Treppenanlagen am Schloßberghang. Über gut ausgeschilderte Wege kommt man durch den Park aufs Plateau mit dem alten Donjon hinauf; weiter Panorama-Ausblick. Danach sollte man sich hügelab ein wenig Zeit zur Betrachtung der Ruinen der einstigen Nizzaer Kathedrale nehmen. Nahebei ein Aussichtspunkt (Point de vue) zum Hafen, den man von hier über Treppen erreicht. Nach 1750 angelegt, dient er vor allem den Fährverbindungen nach Korsika. Über die Rue Cassini zum Place Garibaldi, Stadtzentrum des 18. Jh., und danach in der Rue Ségurane an vielen Antiquitätengeschäften vorüber, ehe nach rechts mit der kurzen Rue Sincaire der Weg zum Place Saint-Martin führt. Dort erinnert ein Denkmal an die legendäre Heldin Catherine Ségurane – auch die »Bugadière« genannt –, die 1543 eine wichtige Rolle bei der Verteidigung gegen muselmanische Invasoren gespielt haben soll.

Gegenüber erhebt sich die Kirche Saint-Augustin mit einem Altarbild des Louis Bréa. Durch die engen Gassen der Altstadt geht es auf den Place Saint-François, dessen Blickfang der gleichnamige Turm mit einer für die Gegend von Nizza charakteristischen Uhr ist.

Die Rue de la Boucherie und die Rue du Marché mitsamt einer Reihe angrenzender und sich nahebei verzweigender Straßen führen zwar rasch wieder zum Ausgangspunkt auf dem Place du Palais de Justice zurück, verlocken aber mit ihren Einzelhandelsgeschäften auch zum gemächlichen Bummel. Ebenfalls ein kurzer Abstecher zu den »hängenden Gärten« (Jardins suspendus) am Boulevard Jean Jaurès bietet sich in der nahen Umgebung an.

Das legendäre Hotel Negresco: Treffpunkt der Reichen und Superreichen

Restaurants
Bocaccio
7, Rue Masséna
Tel. 93 87 71 76
1. Kategorie
Le Corail
1, Avenue Thiers
Tel. 93 88 90 38
3. Kategorie
La Taverne de l'Opéra
10, Rue Saint-François de Paule
Tel. 93 85 72 68
3. Kategorie

Hotels
Altéa Masséna
58, Rue Gioffredo
Tel. 93 85 49 25
2. Kategorie
Family
34, Boulevard Gambetta
Tel. 93 88 58 92
3. Kategorie
Marina
11, Rue Saint-Philippe
Tel. 93 44 54 04
2. Nov.–2. Dez. geschl.
3. Kategorie

Service
Bureau d'Acceuil
5, Avenue Gustave V
Tel. 93 87 60 60
Mai–Sept. tgl. außer So 8.45–12.30 und 14–18 Uhr (Winter Sa und So geschl.)
Office de Tourisme
Acropolis/1, Esplanade Kennedy
F-06058 Nice-Cédex
Tel. 93 92 82 82

Ziele in der Umgebung
Beaulieu-sur-Mer Ganz dicht treten hier die Küstenfelsen ans Meer und geben dem noblen Badeort – dem »Treffpunkt gekrönter Häupter« – seinen vortrefflichen Wetterschutz, unter dem in den Gärten der Baie des Fourmis und an der Promenade de la Petite Afrique die Palmen, Zypressen, Zedern, Strauchgewächse und Blumenrabatten besonders schön gedeihen.
Idyllisch wirken hier die Sträßchen und der provenzalische Markt im Altstadtkern, die romanische Kapelle Santa Maria de Olivo (11. Jh.) erinnert an die mittelalterliche Vergangenheit, und mit der »Villa Kerylos«, die der Archäologe Theodor Reinach an der Fourmis-Bucht erbauen ließ, verfügt Beaulieu sogar über eine weit und breit einzigartige Attraktion: die exakte Rekonstruk-

tion eines altgriechischen Prunkgebäudes, in dem Mosaiken und Wandmalereien und außerdem eine Kollektion von Fundstücken aus dem 6.–1. Jh. v. Chr. zu bewundern sind.
Tgl. 14–18 Uhr, Juli und Aug. 15–19 Uhr

Cap Ferrat Die Halbinsel ist zweifellos einer der schönsten und mit seinen luxuriösen Privatanwesen sicher auch der am besten bewachten Abschnitte an der gesamten Côte d'Azur. Das ehemalige Fischerdorf Saint-Jean wurde zur Anlegestelle für Traumyachten.
Der touristische Höhepunkt dürfte jedoch die Fondation Ephrussi de Rothschild sein, das Musée Ile-de-France: Seine Kunstsammlung mit Gemälden (u. a. Fragonard), flämischen Tapisserien, edlem Mobiliar und einer unschätzbaren Porzellankollektion können in einer von herrlichen Gärten umgebenen Villa besichtigt werden.
Tgl. im Juli und Aug. 15–19 Uhr, sonst 14–18 Uhr; Nov. geschl.

Eze-sur-Mer Phönizier sollen es gewesen sein, die dieses 427 m über dem Meeresspiegel auf seinem Felskegel den weiten Umkreis überragende Dorf gegründet und der Göttin Isis gewidmet haben. Seine Wehrmauerreste und ein exotischer Garten sind ebenso sehenswert wie die auf engstem Raum aneinandergedrängten Häuser, die sich hinter einem mittelalterlichen Doppeltor verbergen. Wenn nicht hochsommerlicher Betrieb herrscht, ist eine nahrhafte Pause im »Nid d'Aigle« zu empfehlen, wo es Menüs mit landestypischen Spezialitäten schon um 70 FF zu verzehren gibt.

Lantosque Das Bergdorf im Hinterland, auf halbem Weg zwischen der Var-Ebene und Saint-Martin, erhebt sich auf einem felsigen Vorsprung über den schäumenden Wassern der Vésubie (50 km von Nizza). Es stellt einen günstigen Rastplatz auf dem Weg von der Küste in die Alpen dar und eignet sich auch bestens als Ausgangspunkt für Exkursionen zu den einsamen Orten beiderseits des Tals.

Levens An der Stelle eines den Rittern von Riquier (13. Jh.) und später den Grimaldi-Grafen gehörenden Herrensitzes hat sich dieser Ort entwickelt, der noch viel an mittelalterlich anmutendem Flair verspüren läßt. Die Burg wurde übrigens nicht bei Kriegshandlungen, sondern 1621 während einer Rebellion ge-

---

Malerische Dörfer

Collobrières
Abgeschiedenes Dorf mit 1200 Einwohnern (S. 60).

Gassin
Altes, provenzalisches Dorf mit winkeligen Gassen und einer alten Burg (S. 82).

Gourdon
»Adlernest« über den Schluchten von Loup (S. 58).

Lantosque
Auf dem Kalksteingrat über dem Tal Moyenne sind 770 Menschen zu Hause (S. 77).

Peille
Festungsartiges Bergdorf mit herrlichen Ausblicken (S. 66).

St-Paul-de-Vence
Mittelalterliches Dorf auf wehrhaftem Hügel (S. 47).

gen die Zinsknechtschaft von der Dorfbevölkerung selbst zerstört.

Roquebillière Hübsch liegt das Dorf ins Grün gebettet und wird durch die Vésubie in einen alten und einen neuen Siedlungsteil getrennt. Letzterer entstand, nachdem 1926 ein Bergrutsch 17 Menschenleben und viel alte Bausubstanz gefordert hatte. Interessant ist die Kirche Saint-Michel-de-Gast (1533) mit einem romanischen Glockenturm über dem gotischen Schiff. Der Antoniusaltar entstammt dem 16. Jh. Von Roquebillière lassen sich zahlreiche Ausflüge unternehmen, vor allem in das Tal von Gordolasque und zu den Kaskaden von Ray und l'Estrech. Wanderwege führen auch über Madone de Fenestre hinauf zum *Vallée des Merveilles* und zum Lac Long.

Saint-Martin-Vésubie Einer der schönsten Gebirgsorte liegt am Zusammenfluß von Boréon und Madone, die sich hier zur Vésubie vereinigen: Als Ferienort der »Suisse niçoise« und Alpinzentrum ist Saint-Martin seit langem ein beliebtes Erholungsziel für die Einwohner der Großstadt an der Küste. In der Dorfkirche wird eine farbig gefaßte Holzstatue der Notre-Dame-de-Fenestre (14. Jh.) verehrt, die alljährlich am 2. Juli in einer Prozession zur Kapelle Madone-de-Fenestre getragen und erst im September wieder heimgeholt wird.

La Turbie Das Prunkstück der »Trophée des Alpes« gilt als eines der bemerkenswertesten römerzeitlichen Monumente im gesamten französischen Süden. Es erinnert an den Sieg des Augustus über die einheimische Urbevölkerung. Aus der lateinischen Bezeichnung »Tropea Augusti« ist der Ortsname Turbie entstanden. Bei aller Bewunderung dieses in jeglicher Hinsicht großartigen Denkmals und der prächtigen Aussicht von dort über die Uferregion sollte man aber nicht versäumen, auch der Altstadt nahebei einen Besuch abzustatten. Viele alte Häuser und Relikte der mittelalterlichen Stadtwehr sind noch vorhanden, und in den Eckstein eines Turms hat man den Vers aus Dantes »Göttlicher Komödie« eingemeißelt, in dem der Ort Erwähnung fand.

Utelle In 800 m Höhe liegt das einst sehr bedeutende Dorf, das seine Befestigungsanlagen und historischen Wohngebäude zum großen Teil bewahren konnte. Am Eingang der dem hl. Véran geweihten Kirche ist die Legende des Schutzpatrons in steinernen Skulpturen nacherzählt worden. In der Nähe zieht das Wallfahrtsheiligtum »La Madone d'Utelle« (6 km vom Ort) seit dem Jahr 850 bis heute unentwegt die Pilger und Bittgänger an (Wallfahrten jährlich am 15. Aug. und 8. Sept.). Von dieser geweihten Stelle öffnet sich ein wahrhaft berauschender Panoramablick über die Tallandschaft des Var bis zur Küste mit dem Cap d'Antibes sowie, zur anderen Seite, auf die Kämme der Hochalpen.

Villefranche-sur-Mer Zwischen Nizza und Monaco, an der westlichen Bucht des Cap Ferrat und östlich unmittelbar an das benachbarte Beaulieu grenzend, liegt auch Villefranche im Windschatten des Küstengebirges. Diese geographische Situation bewirkt ein äußerst mildes Mikroklima. Die Altstadt mit ihrem kleinen Hafen, die von wuchtigen Bögen ganz überwölbte »Rue obscure« und die beachtliche Zitadelle (16. Jh.) können bei einem anderthalbstündigen Spaziergang in Augenschein genommen werden. Jean Cocteau hielt sich gern in Villefranche auf, schrieb hier seine »Orphée« und malte 1957 auch die Chapelle Saint-Pierre aus (unweit der Zitadelle).

Saint-Tropez

Weit kleiner als ihr weltweiter Ruf ist die Einwohnerzahl dieser Kleinstadt: Rund 6250 Einheimische sind es, die jedes Jahr zur Sommersaison mit bis zu 80 000 Besuchern pro Tag konfrontiert werden und mit ihnen leben müssen. Das »Paradies der Maler«, in dem seit 1892 Paul Signac einen Kreis hochkarätiger Künstlerkollegen um sich geschart hatte, ist seither zum Synonym für all jene Formen von Urlaubs-Zeitvertreib geworden, bei denen die Unterschiede zwischen Schein und Sein verwischt und oft unmerklich aufgehoben werden. Und so fragt sich auch, ob die unterdessen bereits historische Begebenheit, als am Strand von Saint-Tropez in den sechziger Jahren die allerersten öffentlich »oben ohne« badenden Frauen durch internationale Schlagzeilen zu kurzlebiger Popularität gelangten, tatsächlich ein Akt der Befreiung oder vielleicht doch nur eine Konsequenz solcher Haltungen gewesen ist, die beim permanenten Zurschaustellen diverser Eitelkeiten jedwedes Mittel den Zweck heiligen lassen. Heute sind es dagegen die Motoguzzis, mit denen man im Dandylook am Bootshafen Paraden fährt, morgen werden es womöglich statt leuchtfarbener Moltopren-Tauchermonturen ganz andere Imitate sein... Ob Modetrends in Saint-Tropez wirklich auf noch längere Dauer »tonangebend« für die Welt sein können, wird man eines späteren Tages sicher anders bewerten.

Wer denkt zum Beispiel heute noch an den braven römischen Offizier Torpès, der seinem christlichen Glauben nicht abschwören wollte und deshalb im Jahr 68 n. Chr. auf Kaiser Neros Geheiß enthauptet worden war? An der Mündung des Flusses Arno warf man seinen entseelten Leib in einen Nachen, der bis an die Küste Héracléa geschwemmt wurde, woraufhin der Auffindungsort den Namen Saint-Tropez erhielt. Héracléa? Dieser uralte Begriff deutet auf eine noch merkwürdigere Legende, wonach der Halbgott Herakles bei seinem heldenhaften Umherirren aus Hellas bis an die nördlichen Mittelmeerufer, in die Pyrenäen und also auch an die heute als Côte d'Azur benannten Gestade geworfen wurde. Überhaupt sind es immer wieder die Helden und Heiligen gewesen (wie auch Sainte-Marie-de-la-Mer in der Camargue), die zum mythischen Vorwand für geschichtliche Umwälzungen in den jetzt nicht mehr klar erforschbaren Zeiten herhalten mußten. Aber es lohnt sich schon, über die Geheimnisse ein wenig nachzusinnen und zu spekulieren, denn die Gegenwart gibt sich namentlich auch in Saint-Tropez vordergründig und weniger geistreich. Oder sinnen die superreichen Ruheständler, die sich hier hinter Mauern mit Glasscherbenkanten verbarrikadiert haben, über die tieferen Dinge nach?

Aber um nicht vorschnell und gar ungerecht zu urteilen, bedarf es natürlich der Nachschau und auch Nachsicht vor Ort: Saint-Tropez ist demnach eine randvoll mit diesseitiger Lebensfreude gesättigte

Ferienzone, in der jeder dasjenige darstellen oder vorspiegeln darf, was er (zumeist) im Alltag nicht ist. Ein »künstliches Paradies«, ganz im Sinn des zynischen Spötters Baudelaire, und gewiß auch eine Fundgrube für Produzenten und Konsumeure der prospektgetreuen Urlaubsphantasien schlechthin. Mit einem Wort: Saint-Tropez muß man einfach einmal gesehen haben.

Sehenswertes

Es gibt noch hübsche Straßenzüge, in denen man ihrer Vergangenheit ein wenig nachspüren kann. Der Fischerhafen, die Barmherzigkeitskapelle, die Zitadelle, gewundene Gäßchen im Altstadtkern und das »maurische Haus« in der Rue Allard mit dem Kopf eines beturbanten Sarazenen (den man hier den »Barbaren« nennt): Die historischen Stätten blicken über das neuzeitliche Gewimmel in den Straßen hinweg. Der Place des Lices und der Seemannsfriedhof leiten ihrerseits mit zunächst unscheinbar wirkenden Details auf beredte Fährten in die ältere Vergangenheit.

Chapelle de la Miséricorde   Das Gotteshaus in der Rue Gambetta gefällt vor allem mit seinem Dach aus blau, grün und golden eingefärbten Ziegeln.

Chapelle Sainte-Anne   Ein romanisches Bauwerk, sehr schlicht gehalten, macht unter Zypressen und zwischen Ölbäumen weniger auf sich selbst aufmerksam als vielmehr auf die schöne Aussicht über die Stadt und die Wasserfläche der Bucht.

Museum

Musée de l'Annonciade   In einer einstigen Kapelle aus dem 17. Jh. präsentiert diese berühmte Sammlung Kunstwerke, die großenteils während der Blütezeit, nämlich der Zeit des Impressionismus bis zum Kubismus, im vielzitierten »Malerparadies« entstanden sind. Signac und van Dongen, Bonnard, Marquet, Derain, Braque und Vuillard sind mit wichtigen Werken hier vertreten.

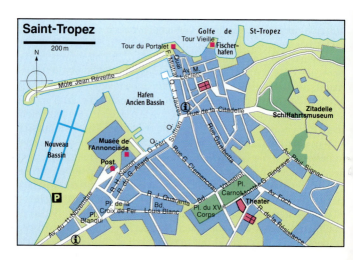

Saint-Tropez

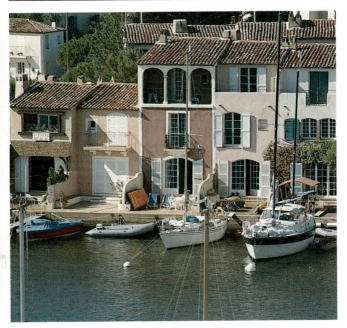

Die Patina täuscht – die Lagunenstadt Port Grimaud wurde erst vor wenigen Jahren angelegt

Besondere Aufmerksamkeit verdienen die Gemälde der »Fauves«: Matisse, Dufy und de Vlaminck. Mit Skulpturen ist Aristide Maillol vertreten.
Am alten Hafen
Tgl. außer Di 10–12 und 15–19 Uhr
Nov. geschl.

Restaurants
L'Echalote
25, Rue Allard
Tel. 94 54 83 26
1. Kategorie
La Frégate
52, Rue Allard
Tel. 94 97 07 08
2. Kategorie
Lou Revelen
4, Rue des Remparts
Tel. 94 97 06 34
2. Kategorie

Hotels
Le Levant
Route des Salins
Tel. 94 97 33 33
Nov.–25. März geschl.
2. Kategorie
Résidence de la Pinède
Bouillabaisse
Tel. 94 97 04 21
Nov.–April geschl.
1. Kategorie
Sube
15, Quai Suffren
Tel. 94 97 30 04
15. Okt.–15. Dez. geschl.
2. Kategorie

Service
Office du Tourisme
Quai Jean-Jaurès
F-83990 Saint-Tropez
Tel. 94 97 41 21

Ziele in der Umgebung

Cogolin Unter seiner Burgruine liegt das Städtchen (7000 Einw., 10 km von Saint-Tropez) vor den Hügeln des Massif des Maures. Der alte Uhrturm als einziger Überrest der früheren Befestigungsanlagen erhebt sich vor einem Gewirr schmaler Gassen, die mit ihren überwölbten Passagen und kleinen Freiplätzen auch während des Sommers Kühle atmen. Die jüngere Neustadt wirkt vergleichsweise offener und großzügig, aber droben, unter dem sarazenischen Wehrturm und im Schatten der Kirche Saint-Sauveur (11.–16. Jh.), scheint die Zeit einen langsameren Gang zu nehmen. Die handgefertigten Erzeugnisse aus der örtlichen Weberei, die geschnitzten Tabakspfeifen sowie die aus Bambus hergestellten Möbel und auch keramische Waren machen Cogolin als Einkaufsort für Souvenirs recht attraktiv. Gleiches gilt auch für den roten, roséfarbenen und weißen Wein aus den örtlichen Lagen.

Gassin Nur 220 m hoch gelegen und doch ein richtiges Bergdorf, zeigt sich Gassin hinter seinen Wehrmauern aus dem 12. Jh. malerisch mit engen Straßenzügen, Brunnen und einer Renaissancekirche. Die Ruine einer Sarazenenburg erinnert an schwierige Zeiten.

Grimaud Der Ortsname leitet sich von den Grimaldi-Grafen her, und außer diesen hatten hier auch Tempelritter das Sagen, wie man an der nach ihnen benannten Straße mit den malerischen Arkaden und an der romanischen Basilika (11. Jh.) erkennt. Die Ruinen der alten Burg (um 980) erheben sich über Relikten einer viel älteren Siedlung, deren Ursprung bis in die Epoche der Ligurer und Kelten zurückreicht.

Port Grimaud Das »Venedig der Provence« an der Bucht von Saint-Tropez ist in Wahrheit ein vollständig vom Reißbrett her konstruiertes Urlaubs-»Paradies«. Die neuen Bauten erhielten hier plangemäß und vorsätzlich die künstliche Patina. Altersspuren als Ersatz für Echtheit – eine in mancherlei Hinsicht recht zweifelhafte Erscheinung... Ob die betuchten Besitzer und Dauergäste in ihrem Bewußtsein die Tatsache verdrängen, daß dies alles zwar bequem als Siedlung, doch historisch absolut wurzellos ist?

Ramatuelle Zwischen Weingärten an einer Hügelflanke ist das alte Dorf zu erblicken, dessen äußere Häuserfronten sozusagen als Mauerwehr dienten. Zahlreiche Kunsthandwerker und Antiquare haben sich hier niedergelassen, wo über den sanften Stränden an der Bucht von Pampelonne und in Sichtweite des Cap Camarat die Besucher nach authentischen Dingen oder auch bloß nach wohlfeilen Souvenirs Ausschau halten. Der Ursprung Ramatuelles liegt in der Zeit der maurischen (sarazenischen) Wirren, und in tieferen Schichten der Historie und des Siedlungsbodens liegen auch hier noch so manche Rätsel begraben, die künftigen Forschergenerationen Stoff liefern werden.

Sainte-Maxime Freundlich am Nordrand der Bucht von Saint-Tropez gelegen, aber stellenweise arg vom Straßenverkehr behelligt, muß das »Calidianisi« der griechischen Zeit mit dem modernen Tourismus zurechtkommen. Andererseits sind seine Bootshäfen, Segel- und Tauchschulen sehr beliebt. Für geruhsamen Urlaub muß man hier aber möglichst an die Peripherie ausweichen, die mit den Stränden beim Cap des Sardinaux trotz allem einen sehr annehmlichen Ferienraum bietet. Wie bei so vielen Orten in der Nachbarschaft von Saint-Tropez lohnt sich auch hier die Suche nach den tieferen Schichten.

Geschichte auf einen Blick

Steinzeit Keramikfunde entlang der Côte d'Azur zeugen von Kulturen aus der Zeit zwischen 4000 und 3000 v. Chr.
1000 v. Chr. Höhlenwohnungen in den Felsen von Calès deuten auf Verteidigungsanlagen der Ligurer.
500 v. Chr. Massilia, das heutige Marseille, wird von Griechen gegründet.
125 v. Chr. Römer besetzen die südliche Provence und die Küste. So wird das südöstliche Frankreich wichtiger Stützpunkt für die Besetzung Galliens durch Julius Cäsar
50/49 v. Chr. Cäsar gründet zwei neue Häfen: Arles und Fréjus. Das hat zur Folge, daß die Bedeutung Marseilles mehr und mehr zurückgeht. Nach Beginn der modernen Zeitrechnung entsteht zwischen Rom, Genua, Fréjus und Aix-en-Provence die Straße *Via Aurelia*, die seinerzeit wichtigste Verkehrsader Südfrankreichs.
2. Jh. n. Chr. Christen lassen sich an der Küste nieder, doch sollten soziale christliche Strukturen erst im 5. Jh. als Folge der Einwanderung von Franken offensichtlich werden.
3. Jh. Verschiedene Wandervölker belagern die Küste.
476 Untergang des Weströmischen Reiches, die Franken gewinnen an Einfluß.
510 Die Ostgoten übernehmen die Herrschaft.
536 Die Côte d'Azur geht wieder in fränkischen Herrschaftsbereich über.
Ende 8. Jh. Karl der Große erobert das Gebiet.
12. Jh. Die Kreuzzüge verleihen den Hafenstädten entlang der Côte einen zweifelhaften Glanz.
1388 Nizza wird von der Grafschaft Savoyen einverleibt.
1487 Die Provence gelangt zum französischen Königreich.
1691 Nizza wird von Franzosen besetzt, doch erst
1793 wird Nizza endgültig durch den jungen Bonaparte französisch.
1860 Eine Volksabstimmung bindet die Seealpen und Nizza an Frankreich.
1866 Gründung des Fürstentums Monaco.
1942 Deutsche besetzen die strategisch wichtige Côte d'Azur.
1944 Alliierte Truppen landen an der Küste und nehmen, zusammen mit Verbänden der Résistance, sowohl die Küste als auch die Städte Toulon, Marseille und Nizza ein.
1947 Italien muß das Gebiet am Col de Tende an Frankreich abtreten.
1981 Präsident Mitterrand verwirklicht eine Politik der Dezentralisierung, die den einzelnen politischen Regionen mehr Selbständigkeit bringt.

Kulturgeschichtliches

Die sonnige Küste im Umkreis von Nizza ist in mehrfacher Hinsicht ein wahrhaftiges »Mutterland der Menschheitsgeschichte« gewesen. In der *Vallonet-Grotte* kamen Artefakte zum Vorschein, die vor fast einer Million Jahren angefertigt worden sind. Die in einem Museum des Fundorts *Terra Amata* (oberhalb des heutigen Hafengebiets) bewahrten Relikte eines einstigen Lagers von Jägern und Sammlern sind ungefähr 500 000 Jahre alt. Sie dokumentieren einen wichtigen Ausschnitt der prähistorischen Entwicklungsstufe unmittelbar vor der Heranbildung des Homo-sapiens-Typs der geschichtlichen Zeiträume. Nochmals erheblich später waren es bereits Individuen vom Schlag des dem heutigen Menschen unmittelbar vorausgehenden Cromagnon, deren Skelette in den zwölf *Balzi-Rossi-Höh-*

len (auf italienischem Gebiet bei Menton) inmitten jungsteinzeitlicher Ablagerungen angetroffen wurden. Dieser sogenannte *Grimaldi-Mensch* lebte am Anfang der von zunehmender Seßhaftigkeit geprägten Kulturphase, die mit ihrer durch Ackerbau und Viehzucht bestimmten Ernährungsgrundlage nicht nur die weitere Ausbildung von Stammeseinheiten und ersten Völkerschaften auf europäischem Boden ermöglichen, sondern auch an religiösen Strömungen von erheblicher Tragweite teilhaben sollte.

Die Ausbreitung der vom mesopotamisch-ägyptischen Kulturkreis rings um das Mittelmeer und an Küsten und Stromtälern bis hoch in den europäischen Norden vorstoßenden Vorzeitreligionen läßt sich anhand einiger *Dolmen* und der sporadisch im Hinterland vorzufindenden *Menhire* auch an der Côte d'Azur feststellen. Dabei sind die Zusammenhänge zwischen den Kulten der Großen Erdmutter (Magna Mater) und den phallischen Langsteinen jener Megalithkultur für die Wissenschaft noch immer ein großes Rätsel. Ähnlich problematisch zeigt sich die in ihrer Art beispiellose Häufung der *Felsbilder am Mont-Bégo*. Mit hoher Wahrscheinlichkeit kann man diese Gravuren als Kulturzeugnis der frühen Ligurer oder zumindest aus deren zivilisatorischem Umfeld ansehen, einem Volk, das in den Landschaften zwischen Rhône und Po ehedem eine wichtige Rolle spielte.

Die in mehrere Stämme gegliederten *Ligurer* waren mit den benachbarten Italikern, Etruskern und Kelten nicht verwandt. Seit Ende des 5. Jh. v. Chr. wurden sie durch die Gallier des unteren Rhônetals und die griechischen Siedler von Massilia zunehmend bedrängt. Dabei erwiesen sich vor allem die an der Côte beheimateten ligurischen Salyer (auch: Salluvier) als zähe Kämpfer, die erst 123 v. Chr. durch die Römer unterworfen werden konnten; Augustus brachte »Liguria« als neunte Region ans Römische Reich. Doch über diese historischen Fakten hinaus kommt der vorindogermanischen Bevölkerung des provençalisch-oberitalienischen Raums noch eine denkwürdige Bedeutung zu, die auf europäischem Boden geradezu als einzigartig gelten kann: Zumindest ein Teil der ligurischen Stämme war nämlich matriarchalisch organisiert. Dabei ergeben sich hochinteressante Beziehungen zu anderen Zentren der mediterranen Urgesellschaften (z. B. Malta und Ägäis), die freilich mangels lückenloser Beweisketten noch enormen Raum für wissenschaftlich fragwürdige Spekulationen bieten. Jedenfalls scheint bei den Ligurern die Stellung der Frau dominierend gewesen zu sein; Rechtsprechung, Erbgänge und Namensgebung der Kinder gingen grundsätzlich von den Müttern aus. Ungeklärt sind aber des weiteren solch detaillierte Fragen wie die nach den näheren Umständen einer späteren Annäherung an keltische Regionalkulturen, die über einen militärischen Zusammenschluß gegen die Römer hinaus vielleicht auch kultische Folgen hatten.

Nach Cäsars gallischen Kriegen und mit dem unaufhaltsamen Wachsen der *Römerstädte* an der Küste verloren sowohl Ligurer als auch Kelten allmählich ihre kulturelle Identität, und seither ist es hauptsächlich die regionale Ortsnamenkunde, der man konkrete Hinweise auf die erloschenen Völker entnehmen kann. Endungen auf »-asca« oder »-asque«, die gelegentlich auch in abgeschliffener oder alliterierter Form (»-nque«, »-escure«) noch vorhanden blieben, weisen auf ligurische Gründungen oder Landschaftsbezeichnungen hin.

Neben Marseille als der größten und einflußreichsten Niederlassung betrieben ab etwa 600 v. Chr. *griechi-*

Geschichte auf einen Blick 85

sche Seehändler die Gründung mehrerer Stützpunkthäfen, unter denen Monaco, Nizza und Antibes zu bedeutender Blüte gelangten. Es entfaltete sich während relativ unbeschwerter Perioden eine für alle Seiten vorteilhafte Art von gesellschaftlicher Koexistenz. Kelten und Ligurer lernten und übernahmen nicht nur manche Anregungen und Errungenschaften der höher zivilisierten Griechen, sondern waren auch weithin Nutznießer der Handelsbeziehungen, die zwischen den Ländern am östlichen Mittelmeer und dem gallischen Großraum diesen Küstenabschnitt mit seinen Häfen zu einer faszinierenden Nahtstelle verschiedener Kulturen hatten werden lassen.

Aber *gallische Rauhbeine* und Haudegen leiteten mit ihren raubgierigen Übergriffen im 2. Jh. v. Chr. den fatalen Niedergang ein. Sie nötigten durch beständige Provokationen, durch Scharmützel und unverfrorene Beutezüge die massilianischen Griechen zu einem dramatischen Schritt: In ihrer Verzweiflung riefen sie zwecks militärischer Schützenhilfe die Römer ins Land, denen das Ersuchen natürlich zupaß und als regelrechte Aufforderung zum strategisch planmäßigen Vorstoß nach Gallien im bestmöglichen Augenblick gelegen kam.

Besonders fatal war diese Entwicklung für die Ligurerstämme im eigentlichen Küstenbereich. Es wurde kurzerhand alles niedergewalzt und der saluvische Hauptort in Schutt und Asche gelegt, bevor sie über dessen Trümmern bald darauf eine eigene Garnison erbauten: das nachmalige Aix-en-Provence. Unter dem Namen Aquae Sextiae, benannt nach dem siegreichen Konsul Caius Sextus Calvinus, wurde es die erste rein römische Stadtanlage im Gebiet der Provincia Gallia Narbonensis. Im Verlauf einer profunden Romanisierung legten die Ligurer überkommenes Brauchtum, die alten Gesetze, Religionen und Sprachen ab, modernisierten ihre Siedlungen gemäß der technisch weit überlegenen römischen Art. An der Côte kündet das gewaltige Siegesmonument von La Turbie, das Augustus im Jahr 6 v. Chr. aufführen ließ, von den letzten Erhebungen der einstigen Ligurer, die aber spätestens zu diesem Datum gänzlich aussichtslos und also ungefährlich geworden waren. Die befriedeten Küsten und Täler der Alpes Maritimae, die begüterten Städte wie Cemelum (Cimiez/Nizza) oder Forum Julii (Fréjus), auch das ehemals griechische Antipolis (Antibes): Sie kamen nunmehr allesamt zur Botmäßigkeit und Ruhe, worauf sich im weiteren Verlauf ein erheblicher Wohlstand gründen sollte.

Mit den *Germaneneinfällen*, die das 5. und 6. Jh. hindurch ganz Gallien und in voller Stärke auch dessen südliche Küstenregionen beutelten, brach die pure Anarchie herein und schlug das antike Zeitalter in Stücke.

Vom 10. bis 12. Jh. gestalteten sich die politischen Verhältnisse abermals recht wechselhaft. 933 gehörte die Côte d'Azur zur Grafschaft Provence, die ihrerseits ein Teil des burgundischen Königreichs war und mit diesem zeitweilig (1023/34) unter die Hoheit des Römischen Reichs Deutscher Nation kam. Schließlich – auf dem »Heiratsweg« – fielen die kurzlebigen Reiche und Grafschaften des Midi 1246 an die dazumal tonangebende Adelsfamilie des französischen Mittelalters: Karl von Anjou (jüngster Bruder König Ludwigs IX.) wurde Landesherr, dem überdies 1265 auch noch die Königswürde über Sizilien zuerkannt werden sollte.

Damit waren die Zugehörigkeiten en détail allerdings noch längst nicht für die gesamte Region auf Dauer festgeschrieben. Von 1297 bis 1314 wurden die Herren Grimaldi erstmals Eigner von *Monaco*, und die *Grafschaft Nizza* entschied sich 1388 aus pragmatischen Gründen für einen vorübergehenden Anschluß an Savoyen. Dieser währte aber weit länger als ursprünglich beabsichtigt – bis 1860 – und hatte außerdem zur Folge, daß Nizza viele Male vom 16. bis 19. Jh. eine äußerst unvorteilhafte Rolle als Zankapfel zwischen den stärkeren Mächten auf sich laden mußte. In dieser Gegend war es dann auch, wo sich in den Jahren nach 1793 ein junger Artillerieoffizier namens Napoleon Bonaparte seine ersten Sporen verdiente. Gewiß lärmten zwar zu *Fréjus* die kriegerischen Horden, als Sarazenen im 10., die sogenannten Barbaresken im 15. und Karls V. Soldateska im 16. Jh. verwüstend einfielen. Gewiß sangen des öfteren an Adelshöfen von *Antibes, Brignoles* und *Cagnes* die Troubadours ihre zärtlichen Sirventesen. Und auch Erdbeben, Brände, die Pest und die Inquisition forderten ihre jeweils entsetzlichen Blutzölle – doch eine wahrhaft sensationelle und rundum einschneidende Veränderung sollten die meisten Orte zwischen Toulon und Menton erst erheblich später erfahren. Diese umwälzenden Vorgänge wurden freilich nicht von Politikern, sondern durch den *Tourismus* bewirkt.

Schon bevor 1860 Nizza endgültig zu Frankreich kam und 1865 die Zollunion mit Monaco beschlossen wurde, hatten sonnenhungrige Müßiggänger aus dem Norden den Erholungswert der milden Winter an der Riviera schätzen gelernt. Und nachdem dann die französischen Zollschranken gefallen und Eisenbahnverbindungen in Betrieb genommen worden waren, setzte im letzten Drittel des 19. Jh. eine immense Konjunktur auf dem touristischen Sektor ein, der rasch zum *dominierenden Wirtschaftsfaktor* hauptsächlich in Nizza, aber nach und nach auch in anderen Küstenstädten wurde. Aus diesen elitären Anfängen, als die Hautevolee aus vielen Ländern sich an den »mondänsten Gestaden der Welt« ein Stelldichein nach dem anderen gab, ist ein beeindruckendes architektonisches Erbe übriggeblieben, das an Zahl und Eigenart die Bauzeugen der älteren Vergangenheit bei weitem überragt. Insbesondere *Engländer* sind es gewesen, deren Eigenart und Engagement den Aufstieg des Fremdenverkehrs beflügelt haben, seit 1834 der britische Staatsmann Lord Brougham infolge einer Cholera-Epidemie zu einem Quarantäneaufenthalt in Nizza genötigt worden war. Nicht nur die berühmte »Promenade des Anglais«, sondern eine Vielzahl an Straßen- und Hotelbezeichnungen lassen bis heute die Erinnerung an jene Ursprünge erkennen.

Gleichsam im Gefolge der Prominenz aus *Adel, Politik* und *Wirtschaft* machten sich zunehmend *Künstler* das Ambiente aus landschaftlichen Reizen und gesellschaftlicher Noblesse als anregende Atmosphäre zu eigen. Literaten, Musiker und Maler trugen somit zur weiteren Attraktivität der Gegend wesentlich bei, die während der Belle Epoque bis zum Ersten Weltkrieg ihren an Glanz und internationalem Flair nie wieder erreichten Höhepunkt hatte.

Auch wenn heute noch unentwegt von der »Küste der Reichen und Superreichen« gesprochen wird, kommt die damit anklingende Weltläufigkeit der gediegenen Mondänität jener Phase wohl weder im kulturellen Status noch gar inhaltlich gleich. Der in den demokratischen Staaten Europas nach den beiden Weltkriegen aufgeblühte Tourismus hat die Unterschiede zwischen den Schichten der »kleinen Leute« und den Privilegierten zumindest teilweise umgewertet. Komfortable Ferientage an der Côte d'Azur sind längst auch für kleinere Budgets erschwinglich geworden.

Info

Auskunft

Entlang der Côte d'Azur gibt es kaum einen Ort, an dem Sie das *Office du Tourisme* oder das *Syndicat d'Initiative* nicht finden. Diese Infobüros versorgen Sie außer mit guten Tips und Ratschlägen auch mit einer Menge Papier in Form von Prospekten und Veranstaltungshinweisen, von Ausflugsfahrten mit dem Schiff bis hin zu Folklore- und Tanzabenden. Um die Touristen auch außerhalb der Öffnungszeiten (9–12 und 14–18 Uhr) über die aktuellen Veranstaltungen informieren zu können, haben einige dieser Offices oder Syndicats elektronische Leuchtbänder an ihren Außenwänden angebracht, auf denen die jeweiligen Aktivitäten abzulesen sind – meistens in Französisch, Englisch und Deutsch. Die Adressen der Büros finden Sie im Kapitel »Orte und Ziele in der Umgebung«. Eine weitere Informationsquelle für Veranstaltungen aller Art und die Vermittlung von Unterkünften sind die örtlichen Zeitungen, die sich während der Saison stark auf den Tourismus einstellen (Voraussetzung ist, daß Sie mit der französischen Sprache einigermaßen vertraut sind).

Französische Fremdenverkehrsämter
in Deutschland:
– Kaiserstr. 12 a
6000 Frankfurt
Tel. 069/7 56 08 30
– Berliner Allee 26
4000 Düsseldorf
Tel. 0211/8 03 75
In Österreich:
Walfischgasse 1
1010 Wien
Tel. 222/31 28 50
In der Schweiz:
Bahnhofstr. 16
8001 Zürich
Tel. 01/2 11 30 85
In Frankreich:
Accueil de France
Avenue Thiers
06000 Nice
Tel. 0033/93 87 07 07
Accueil de France
SNCF/B.P. 262
06401 Cannes
Tel. 0033/93 99 19 77
Comité Régional de Tourisme
22A, Rue Louis-Maurel
13006 Marseille
Tel. 0033/91 37 91 22

Auto

Autofahren ist in Frankreich im Vergleich zu Deutschland nicht ganz billig; das Benzin ist gut dreißig Prozent teurer. Die Autobahnen haben in Frankreich nicht dieselbe Bedeutung wie hierzulande, hauptsächlich, weil sie gebührenpflichtig sind: Der Reisende muß eine *péage* zahlen.

Die privaten Eigentümer dieser *autoroutes* scheuen auch nicht davor zurück, regelmäßig vor der Hauptreisewelle die Gebühren kräftig anzuheben – die Franzosen selbst nehmen dieses Spielchen gelassen hin, denn sie benutzen für kürzere Fahrten ohnedies die gut ausgebauten Nationalstraßen, die *routes nationales*. Sollten Sie also außer der Muße auch ein wenig Zeit mitbringen, empfiehlt es sich, statt der Autobahnen die Nationalstraßen gen Süden zu benutzen; es hätte gleich mehrere Vorteile: Auf dem Weg zur Côte d'Azur präsentieren sich Ihnen herrliche Landschaften; Sie könnten, vor allem in der Ferienzeit, so manchen Stau auf den Autobahnen umfahren, und Sie würden rund 60 Mark an péage sparen.

Das Parken ist in Orten an der Côte d'Azur im Juli und August ähnlich problematisch wie in deutschen Innenstädten zur Weihnachtszeit. Folgen Sie prinzipiell den Hinweisschildern zu Parkhäusern oder Parkplätzen, denn nicht selten finden Sie gelb markierte Straßenränder, an denen das Parken verboten ist. Dagegen dürfen Sie Ihr Auto in den blauen Zonen, *zones bleues*, abstellen. Zwar wird ein falsch geparktes ausländisches Fahrzeug nur selten abgeschleppt, aber wenn es passiert ist, kostet Sie dieses denkwürdige Souvenir circa 500 FF.

Camping

Zwar sind die französischen Campingplätze in vier Kategorien unterteilt, doch kann man davon ausgehen, daß selbst die vierte, also schlechteste Kategorie noch soliden Ansprüchen gerecht wird. Dennoch sollte man einen Campingplatz vorbestellen, denn der Andrang in der Saison ist riesig (siehe Adresse am Ende der Rubrik).

Haben Sie die Möglichkeit, den Platz für Ihr Zelt oder Ihren Wohnwagen auf einem Campingterrain auszusuchen, so achten Sie auf jeden Fall darauf, möglichst ein schattiges Plätzchen zu finden – die südfranzösische Sommersonne kennt keine Gnade. Auf manchen Plätzen können auch Wohnwagen gemietet werden.

Wildes Campen ist grundsätzlich erlaubt, wird aber in fast allen Regionen an der Côte d'Azur durch kommunale Hinweisschilder verboten. Außerdem sollte eh nur derjenige frei campieren, der sich z. B. auf einer Wandertour befindet und für sein »wildes Übernachten« ausdrücklich die Genehmigung des jeweiligen Forstwarts besorgt hat.

In Deutschland:
ADAC
Am Westpark 8
8000 München 70
Tel. 089/76 76 70
Deutscher Camping Club
Mandlstr. 28
8000 München 40
Tel. 089/33 40 21

In Frankreich:
FFCC
Fédération Française de Camping et Caravaning
78, rue de Rivoli
75004 Paris
Touring Club de France
6–8, rue Firmin-Gillot
75736 Paris-Cédex 15
Tel. 0033/1 42 65 90 70

Diplomatische Vertretungen

In Frankreich:
Konsulat der Bundesrepublik Deutschland
22, rue Notre-Dame
06000 Nice
Tel. 93 62 22 26
Mo–Fr 9–12 Uhr
Österreichisches Konsulat
12, rue Edmont Valentin
75007 Paris
Tel. 16/1 47 05 27 17
Mo–Fr 10–12 Uhr
Schweizer Konsulat
4, Av. Georges Clemenceau
06000 Nice
Tel. 93 88 85 09
Mo–Fr 8.30–11 Uhr

Fahrrad

Es lohnt sich ganz bestimmt, auf dem Autodach, am Wohnmobil oder Wohnwagen ein Fahrrad mit an die Côte d'Azur und besser noch in die Provence zu nehmen; auf einer Tour mit dem Drahtesel lassen sich die Küste und ihr herrliches Hinterland wunderschön entdecken; für längere Touren empfiehlt sich eine Gangschaltung mit möglichst großer Übersetzung. Die französische Eisenbahn SNCF bietet mit dem *Service train et vélo* die Möglichkeit, an vielen Bahnhöfen Fahrräder zu leihen.

Für ein privat gemietetes Fahrrad müssen Sie etwa 60 bis 100 FF pro Tag bezahlen; bei einem Familienausflug sollten Sie unbedingt mit dem Verleiher über den Preis verhandeln.

Feiertage

1. Januar Neujahrstag
Ostermontag
1. Mai Tag der Arbeit
Christi Himmelfahrt
Pfingstmontag
14. Juli Nationalfeiertag: Sturm auf die Bastille
15. August Mariä Himmelfahrt
1. November Allerheiligen
25. Dezember

FKK

Es gibt in einigen Badeorten an der Côte d'Azur extra für Freunde der Freien Körperkultur angelegte Zentren, die *centres des nudistes*. In diesen Anlagen geschieht alles unverhüllt, selbst beim Einkaufen sind die Nudisten nackt. Wer die Freie Körperkultur nicht ganz so wörtlich versteht und nur streifenlose Bräune sucht, muß sich Strände mit dem Hinweis *naturistes* aussuchen, denn nur hier ist das FKK-Baden erlaubt. »Oben ohne« ist hingegen nirgendwo tabu.

Jugendherbergen

Mit einem deutschen Jugendherbergsausweis kann man an der Côte d'Azur auch ausgesprochenen Billigurlaub machen, wenngleich die Möglichkeiten dazu räumlich stark begrenzt sind.

Aus diesem Grund empfiehlt sich auch dringlich eine Voranfrage oder Anmeldung (möglichst schriftlich) bei einer der folgenden Adressen. Für allgemeine Auskünfte und Empfehlungen wende man sich am besten das Französische Fremdenverkehrsamt in Frankfurt/Main oder an die:

Fédération Unie des Auberges de Jeunesse
6 Rue Mesnil
F-75116 Paris
Tel. 0033/45 05 13 14
Domaine de Bellevue
Route de Cannes
83600 Fréjus
Auberge de Jeunesse
Plateau St.-Michel
06500 Menton
Auberge de Jeunesse
Route Forestière de Mont-Alban
06000 Nice
Le Trayas
Route de la Véronèse
83700 Saint-Raphaël
Auberge de Jeunesse
Chemin de Ste.-Cathérine
06430 Tende

Kinder

Die französischen Urlaubsorganisatoren haben früh erkannt, daß ein kinderfreundlicher Ferienort so manchen Eltern die Entscheidung für den nächsten Urlaub erleichtert. Deshalb wird zumindest am Strand der Spaß für Kinder großgeschrieben, ein nicht ganz billiger allerdings, denn einmal Wasserrutschen auf der Rutschbahn oder andere Attraktionen kosten gleich einige Francs. Daneben sprießen immer mehr Freizeitzentren aus dem Boden; sie liefern Badespaß, bei dem nicht nur die Kinder auf ihre Kosten kommen.

Medizinische Hilfe

Zwischen Deutschland sowie Österreich und Frankreich besteht ein Versicherungsabkommen, das ärztliche Hilfe im Notfall garantiert; zwischen der Schweiz und Frankreich gibt es eine solche Vereinbarung nicht. Grundsätzlich ist jeder in der Bundesrepublik – dasselbe gilt also auch für Österreicher – in Frankreich versichert. Die Krankenkassen stellen eine Anspruchsberechtigung aus, die bei der *Caisse Primaire d'Assurance Maladie* gegen einen Behandlungsschein für den Arzt eingetauscht werden muß. In der Regel muß aber der Arztbesuch sofort bar bezahlt werden. Die Rechnung sowie evtl. Quittungen in Apotheken werden dann von der heimischen Versicherung zu deren

Konditionen übernommen. Dabei entstehen oft Differenzen, die vom Versicherten getragen werden müssen. Deshalb lohnt sich in jedem Fall eine private Zusatzversicherung, die auch die Kosten eines evtl. Rücktransportes übernimmt.

Öffentliche Verkehrsmittel

Bahn Die Côte d'Azur ist über Lyon und Marseille mit der französischen Eisenbahn, der SNCF, gut zu erreichen. An vielen Küstenbahnhöfen organisieren örtliche Unternehmen mit der SNCF Besichtigungs- und Ausflugsfahrten mit Bahn, Bus oder Boot. Interessenten können in jeder größeren Stadt am Bahnhof oder in den Touristenbüros diesen Ausflugsmöglichkeiten fragen. Daneben bietet die SNCF auch eine ganze Reihe von preisermäßigten Billetts an.

Boote Bootsfahrten sind von vielen Fischerhäfen an der Côte d'Azur möglich: ob als organisierte Ausflugsfahrt oder als Helfer auf einem typischen Fischfangkutter. Wer mit einem gemieteten Schiff auf einem französischen Fluß fahren will, braucht keinen Bootsführerschein; nur die Kenntnis der Regeln und Schilder wird erwartet. Welche Voraussetzungen nötig sind, um sich auf dem Mittelmeer als Kapitän eine frische Brise um die Ohren wehen zu lassen, erfahren Sie unter folgender Adresse:

Ministère de l'Urbanisme, du Logement et des Transports
244, Bd. St.-Germain
75007 Paris
Tel. 0033/1 45 55 39 93

Paß/Visum

Deutsche und Schweizer können mit Reisepaß oder Personalausweis die Grenze nach Frankreich überqueren, Österreicher benötigen ein Visum (erhältlich im französischen Konsulat, siehe »Botschaft«). Für Kinder unter 16 Jahren genügt ein Kinderpaß oder der Eintrag im elterlichen Paß. Mit Einführung der grünen Euro-Plakette wurde der Grenzverkehr zwischen Deutschland und Frankreich erheblich vereinfacht, Kontrollen werden für solche Reisende nur noch in Stichproben durchgeführt.

Post

Die französischen Postämter, kurz PTT genannt, tauschen gegen Vorlage von Rückzahlungsscheinen und -karten bis zu 1000 Mark täglich und innerhalb von 30 Tagen bis zu 2000 Mark von einem deutschen Postsparbuch. Briefmarken erhalten Sie auch allen Postämtern, aber auch in den *Bureaux de Tabac* und Automaten, ebenso auch Telefonkarten für die öffentlichen Fernsprecher. PTT-Öffnungszeiten: Mo–Fr 9–12 Uhr und 15–18 Uhr, Sa 9–12 Uhr. In den Hauptpostämtern größerer Städte können durchgehend Telegramme aufgegeben werden.

Stromspannung

Die Stromversorgung für die Haushalte geschieht über 220 Volt. Häufig findet man, vorwiegend in älteren Häusern, nicht unseren genormten Sicherheitsstandard bei Steckdosen; Schukostecker passen nicht, für Elektrogeräte werden Eurostecker oder Adapter aus dem Elektroladen oder Kaufhaus benötigt.

Telefon

Drei bis vier Francs pro Minute kostet tagsüber ein Telefongespräch zum Beispiel nach Deutschland. In der Regel funktionieren die öffentlichen Münzfernsprecher recht gut; die meisten wurden inzwischen auf Telefonkarten umgestellt, in jeder PTT kann man aber auch aus einer Kabine telefonieren und anschließend bar bezahlen. Vorwahlen aus Frankreich:
– nach Deutschland: 19–49
– nach Österreich: 19–43
– in die Schweiz: 19–41

Die Null der Ortskennzahl entfällt. Zu beachten ist auch der Summton nach der 19: Erst wenn dieser ertönt, kann weitergewählt werden. Spartarife gelten von Mo bis Fr 21.30–8 Uhr, Sa ab 14 Uhr und an Sonn- und französischen Feiertagen.

Tiere

Für Katzen und Hunde unter 3 Monaten gilt Einreiseverbot. Für Tiere bis zu einem Jahr ist eine tierärztliche Bestätigung erforderlich, daß der Hund gegen Tollwut, Staupe und Hepatitis geimpft ist, die Katze gegen Katzenseuche und Tollwut. Diese Bescheinigung darf nicht älter als 2 Monate und nicht neuer als 30 Tage sein. Für Tiere über einem Jahr verlangen die französischen Behörden nur noch die Tollwutschutzimpfung.

Trinkgeld

Man sollte im Restaurant je nach Zufriedenheit ein Trinkgeld zwischen 5 und 10 Prozent der Rechnung geben. Auch die Platzanweiserin im Kino, die Garderobenfrau, der Taxifahrer, Friseur und Museumsführer erwarten ein kleines »pourboire«.

Versicherung

Der Abschluß einer Reisegepäckversicherung ist grundsätzlich zu empfehlen. Ob sich eine zusätzliche Auslands-Krankenversicherung lohnt, hängt von den Leistungen Ihrer Krankenkasse ab. Wer mit dem Auto unterwegs ist, sollte über eine Vollkaskoversicherung für die Dauer des Urlaubs nachdenken. Eine sehr nützliche Einrichtung ist der Euro-Schutzbrief des ADAC.

Wein

Im Wein liegt ja bekanntlich Wahrheit – und wahr ist, daß die französischen Weinbauern zu den Besten ihres Metiers gehören. Zwar haben sich die altgriechischen Winzer ein paar Jahrhunderte v. Chr. nicht direkt an der Küste niedergelassen, doch sollten Sie es nicht versäumen, an der Côte d'Azur die edlen Rebensäfte aus den Nachbarregionen Bouches-du-Rhône, Var und Alpes-Maritimes zu probieren. Das edelste Gewächs des südöstlichen Frankreich hat längst Weltruhm erlangt: der Châteauneuf-du-Pape. Erst wenn dieser aus verschiedenen Traubensorten gekelterte Wein einige Jahre gelagert hat, entfaltet er seine volle Klasse.

Zeit

MEZ, die mitteleuropäische Zeit, gilt in Frankreich im Winterhalbjahr; MEZ minus eine Stunde, die Sommerzeit, von Ende März bis Ende September.

Zeitungen

»Var Matin« und »Nice Matin« heißen die beiden führenden regionalen Tageszeitungen an der Côte d'Azur. In der Saison finden Sie hierin reichhaltige Informationen über Veranstaltungen jeglicher Art. In den Bureaus de Tabac der größeren Städte liegen neben den überregionalen französischen Tageszeitungen auch deutsche Blätter: »FAZ«, »Welt«, »Süddeutsche Zeitung« und Zeitschriften wie »Spiegel« und »Stern«.

Zoll

Alles, was Sie an Gegenständen des täglichen Bedarfs bzw. Ihrer touristischen Ausrüstung mit nach Frankreich nehmen, ist zollfrei.
In EG-Ländern dürfen Personen über 15 Jahren Waren bis zu einem Wert von 780 DM zollfrei ein- und ausführen. Personen über 17 Jahren dürfen zollfrei mitnehmen: 300 Zigaretten oder 150 Zigarillos oder 75 Zigarren oder 400 g Tabak sowie wahlweise 1,5 l Spirituosen über 22 Prozent, 3 l unter 22 Prozent, 3 l Likörwein oder Schaumwein, 5 l sonstigen Wein.

Register

Bei der alphabetischen Einordnung wurden *au, aux, de, des, du, l', la, le, les* nicht berücksichtigt.
Namen in Anführung bezeichnen Hotels und Restaurants. Wird ein Begriff mehrfach aufgeführt, so verweist die **halbfett** gedruckte Zahl auf die Hauptnennung.
Abkürzungen: A = Antibes, C = Cannes, F = Fréjus, G = Grasse, H = Hyères, M = Menton, N = Nizza, ST = Saint Tropez

»Acapulco«, C 51
Agay 32, 51
Aiguebelle 32
Alpes Maritimes 6, **7**, 42
»Altéa Masséna«, N 76
Alstadt, G 55f.
Altstadt, M 63
»Aux Ambassadeurs«, St. Raphaël 54
Amphitheater, F 53
»L'Amphitryon«, G 57
»L'Amphore«, C 50
L'Annonciade, M 63
»L'Anse de Port-Cros«, H 59
Anthéor 51
Antibes 11, 30, **43–47**
Aquädukt, F 53
Aspremont 41
»Auberge de 'Orée du Bois«, H 59
»Auberge Provençale«, Mons 10
Ayguade-Ceinturon 31

»Bacon«, A 46
Baie des Anges 33
Baie du Gaou 31
Balzi-Rossi-Höhlen 83f.
Bar-sur Loup 57
Bastide-Blanche 32
Beaulieu-sur Mer 33, **76 f.**
»Beaurivage«, M 65
»Beauséjour«, A 46
»Beau Séjour«, St. Raphaël 54
Beauvallon 32
»La Bellaudière«, G 57
Besse-sur-Issole 42
Biot 46
»Bocaccio«, N 76
La Bocca 32
»Bon Franquette«, F 54
»Bonne Auberge«, A 46
Boréon 42
Bormes 32
Bormes-les Mimosas 60
La Bouillabaisse 32
Boulouris 32
La Braque 33
Brignoles 11, **60**
»La Brouette de Grand-Mère«, C 50

Cabasson 60
Cabris 57 f.
Cagnes-sur-Mer 11, 14, 25, 33, 41, **47**
»Calèche«, A 46
Canadel-sur Mer 32, **62**
Cannes 29, 30, 32, 41, **48–52**
Le Cannet 30, 41, **51**
Cap Bénat 31
– de Brégançon 31, **60**
– Camarat 32
– de Carqueiranne 31
– Cartaya 32
– Cavalaire 32
– du Dramont 32
»Le Cap Eden Roc«, A 46
Cap Ferrat 77
– Lardier 32
– Martin 33, **66**
– Nègre 32
– du Pinet 32
– Roux 32, 51
– des Sardinaux 32
»Carlton Inter-Continental«, C 51
Carnolès 33
Carqueiranne 31
»Casino des Fleurs«, C 49
»Casino Municipal«, C 49
Carnoules 42
Cavalière 32
Cavallaire-sur Mer 60
La Celle, Brignoles 11
Chapelle de la Conception, M 64
– de la Miséricorde, N 71
– de la Miséricorde, ST 80
– du Rosaire 47
– Sainte-Anne, ST 80
»Le Chardon«, C 51
»Chasseurs«, A 46
Cheiron 42
Cians-Tal 41
Cimiez 7
Cité Episcopale, F 52
Cogolin 32, **82**
Col de Valferrière 41
Les Colettes 11, 14, **47**
Collobrières 42, **60**, 77
Les Colombières, M 64
Contes 65 f.

»Le Corail«, N 76
Corniches de l'Estérel 51
Côte des Maures 31
La Croisette 32, **49**, 50
Cros de Cagnes 33
Cros-de-Mouton 42
Cuers 60

Daluis-Schlucht 41
Draguignan 54
Duranus 41

»L'Echalote«, ST 81
Eglise Saint-Louis, H 59
– Saint-Michel, M 64
– Saint-Paul, H 59
– des Templiers, Fréjus 52
Entrevaux 41
L'Escalet 32
L'Escarène 66
Estérel 32, **37**, 51, 52
Eze-sur-Mer 33, **77**

»Family«, N 76
La Favière 32
Fayenca 10, **55**
»Festival«, C 51
La Fiesta 33
»Floréal«, M 65
»Les Flots Bleus«, F 54
Fondation Maeght 10, 14, **47**
Fort Carré, A 44
La Fossette 32
»Le Fragonard«, G 57
»Francine«, M 65
»La Frégate«, ST 81
Fréjus 32, **52–55**
Friedhof, M 63
Fürstlicher Palast, Monaco 69

Gaou 32
La Garde-Freinet 42
Gardettes-Hügel 10
La Garoupe, A 43
»Garoupe«, A 46
Gassin 77, **82**
Gélas 42
Giens 31, **60 f.**
Gigaro 32
Golfe Juan 41
Gordolasque 42

Register

Gourdon 40, 41, **58**, 77
Grand Faxinet 42
Grasse 10, 30, 33, 38, 41, **55–58**
Gréolières 41
Grimaud 82
Guillaume 30, 41

Historial des Princes de Monaco, Monaco 69
»Hôtel Lido«, H 59
Hyères 31, 41, 42, **58–62**

Iles d'Hyères 13
– des Lérins **10**, 13, 52
– du Levant 13, **61**
– de Porquerolles 61
– de la Tradelière 13
Isola 30

Jardin Albert I, N 71
– botanique Val Rameh, M 64
– du Palais Carnolès, M 64
– Thuret, A 44
Juan-les-Pins 30, 33, **45**

Kathedrale, A 44
Kathedralenmuseum, F 53f.
»Kismet«, A 46

Lantosque 77
Le Lavandou 32, **61** f.
Lérins-Inseln **10**, 13, 52
»Le Levant«, ST 81
Levens 41, **77** f.
»Lou Pignatoun«, G 57
»Lou Revelen«, ST 81
Loup 40, 41
Le Luc 42, **62**
Lucéram 66

Mandelieu La Napoule 29, 32, **51** f.
Maquis 37
»Mariejol«, A 46
»Marina«, N 76
Massif de l'Estérel 32, **37**, 51, 52
Massif des Maures 41 f.
»La Méditerranée«, H 59
Menton 29, 30, 33, **62–67**
Mercantour-Nationalpark 41, **42**, 67
Miramar 32, 51
»Le Mistral«, St. Raphaël 54
Monaco 29, 30, **67** ff.
Mons 10
Mont-Bégo 11, **84**
Mont Chaure 41
Monte Carlo 29, 33
Moschee, F 53

Mouans-Sartoux 41
Mougins 41, **47**
Musée de l'Annonciade, ST 80 f.
– d'Anthropologie préhistorique, M 69
– d'Archéologie, N 74
– d'Art et d'Histoire, N 74
– d'Art et d'Histoire de la Provence, G 56
– des Beaux Arts, N 17, **74**
– de la Castre, C 49 f.
– Chéret 14
– et Site Archéologiques, N 74
– Fragonard, Grasse 17, **56**
– Franciscain de Cimiez, N 75
– d'Histoire et d'Archéologie, A 44
– Historique du centre Var, Le Luc 62
– Ile-de-France, St. Jean-Cap-Ferrat 14
– Jean Cocteau, M 17, **65**
– de la Marine, G 56 f.
– Matisse, N 17, **75**
– Municipal, H 59
– Municipal, M 65
– Napoléonien, Monaco 69
– National F. Léger, Biot 46
– National Message Biblique Marc Chagall, N 17, **74**
– National Pablo Picasso 14
– Naval et Napoléonien, A 44
– Océanographique, Monaco 69
– de la Philatélie, Le Luc 62
– Picasso, A 17, **44**
– de Préhistoire Régionale, M 65
– Renoir, Cagnes-sur-Mer 17, **47**
– de Terra Amata, N 75
– des Trains miniatures, G 57

»Napoléon«, G 57
La Napoule 32, 51
La Nartelle 32
»National«, C 51
Nationalpark Mercantour 41, **42**, 67
»Negresco«, N 76
Nizza 11, 29, 33, 41, **69–78**
Notre-Dame-du-Brusc 10
– de l'Espérance, C 49
– de-la-Garoupe, A 44
– du-Puy, G 56

Opio 58
»L'Orchidée«, M 65
Orgeltal 16

Pagode, F 53
»Palm Beach«, C 49
Pampelonne 32
Parc de la Madone, M 64
– du Pian, M 64
– Saint-Michel, M 64
»Le Paris«, H 59
Parvis Saint-Michel, M 64
Pas de la Faye 41
»Le Pavillon de la Mer«, St. Raphaël 54
La Péguière 32
Peille 30, **66**, 77
Peillou 66
Pesquiers 31
Pic de l'Ours 51
Picasso, Pablo 5, 14, 47
Picasso-Museum, A 11, 17, **44**
Pierrefeu 42
»Pinède«, A 46
Place Garibaldi, N 71
– Ile-de-Beauté, N 71
– Massena, N 71
Plage de la Capte 31
Porquerolles 13
Port Cros 13, **61**
Port Grimaud 32, 81, **82**
Pramousquir 32
»La Printania«, G 57
Promenade des Anglais, N 11, 33, **71**
Promenade des Soleil, M 65
Puget-Théniers 41

»Le Québécois«, H 59

Ramatuelle 82
La Raquette 32
Rathaus, M 65
Le Rayol 32, **62**
Réal Martin 41, 42
»Le Régent«, G 57
Renoir, Auguste 11, 14, 47
»Résidence de la Pinède«, ST 81
Riviera 5
– di Levante 5
– di Ponente 5
»Robinson Crusoe«, Agay 54
Roches Blanche 42
Römerhafen, F 53
Roquebillière 78
Roquebrune 30, 33, **66**
Rosenkranz-Kapelle, Vence 11
Route Napoléon 41
Roya 16
»Le Royal Gray«, C 50
Russische Kirche, N **71, 74**

Saint-Augustin, N 74
– Césaire 58

- Clair 32
- Féreol 13
- Honorat **10**, 13, 46
- Jacques, N 74
- Jean-la-Rivière 41
- Martin-Vésubie 78
- Michel-de-Gast, Roquebillière 78
- Pancrace 41
- Paul-de-Vence 10, 14, **47**, 77
- Raphaël 54
- Réparte 74
- Tropez 4, 30, 32, **79–82**
- Vallier-de-Thiey 41
Sainte-Agnès 66
- Marguerite 13, 46
- Maxime 82
Des Salottes 31
Le-Saut-des-Français 41
Schloß der Grimaldi, Cagnes-sur-Mer 11, **47**
Schloßberg, N 74

Schloßruine, H 59
»Le Scoubidou«, A 46
Seealpen 6, **7**, 42
Séramon 41
Siagnole Karstquelle, Mons 10
Sospel 66 f.
Stadttore, F 53
»Sube«, ST 81
Sylvabelle 32

»Table du Roy«, M 65
Tal der Wunder 7, 11, **67**, 78
Tanneron 16
»La Taverne Lucullus«, C 51
»La Taverne de l'Opéra«, N 76
Tende 67
»Terminus«, M 65
Terra Amata, N 7, **83**
Théoule-sur-Mer 51
Touët-sur-Var 41
Tour Saint-Blaise, H 59
Tourrette-sur-Loup 41

La Turbie 7, **78**
Le Trayas 32, 51

Utelle 41, **78**

Valberg 41
Valbonne 10
Vallauris 41, **47**
Vallée des Merveilles 7, 11, **67**, 78
Vallée de la Tinée 42
Vallonet-Grotte 83
Var 41
Veillat 32
Vence 11, 33, 41, **47**
Vésubie 41
Via Aurelia 12
Villefranche-sur-Mer 33, **78**
Villeneuve-Loubet 33

Weiße Felsen 42

MERIAN-Redaktion, Hamburg
Lektorat: Kristine von Soden
Bildredaktion: Andrea Sach
Kartenredaktion: Karin Szpott

An unsere Leserinnen und Leser:
Wir freuen uns über Ihre Berichtigungs- und
Ergänzungsvorschläge. Natürlich interessiert uns auch,
was Ihnen am vorliegenden Band besonders gefällt.

MERIAN Reiseführer
Postfach 13 20 92
2000 Hamburg 13

2. Auflage 1991
© 1990 Gräfe und Unzer GmbH, München
Umschlaggestaltung: Rambow, Rambow, van de Sand
Umschlagfoto: Transglobe Agency/Hackenberg
Karten: Kartographie Huber, München
Produktion: Helmut Giersberg
Satz: Utesch Satztechnik GmbH, Hamburg
Lithographie: MB Scan Repro, München
Druck und Bindung: Mainpresse Richterdruck, Würzburg

ISBN 3-7742-0141-2

Fotos: C. Bork 12; E. Schwender 81; Transglobe Agency 4, 16, 21, 25, 29,
36, 40, 48, 53, 76
Titelmotiv: Yachthafen von Menton

Lieferbare Titel »Super reisen!«

Ägypten
Algarve
Amsterdam
Andalusien
Australien
Bali
Barcelona
Belgien
Berlin
Bodensee
Brandenburg
Brasilien
Bretagne
Budapest
Burgund
Capri · Ischia
Costa Brava
Costa del Sol
Côte d'Azur
Dänemark
Elsaß
Englands Süden
Florenz
Florida
Französische Atlantikküste
Gardasee und Umgebung
Gomera · Hierro · La Palma
Gran Canaria
Hamburg
Hawaii
Holland
Hongkong
Ibiza · Formentera
Indiens Norden
Indiens Süden
Ionische Inseln
Irland
Israel

Istanbul
Italienische Adria
Italienische Riviera
Japan: Tokio · Kioto
Jerusalem
Kärnten
Kalifornien: Der Norden
Kalifornien: Der Süden
Karibik: Große Antillen
Karibik: Kleine Antillen
Kenia
Köln
Korsika
Kreta
Kykladen
Lanzarote · Fuerteventura
London
Madeira · Azoren
Madrid
Mailand
Mallorca
Malta
Marokko
Mecklenburg-
   Vorpommern
Mexiko
Moskau
München
Nepal
Neuseeland
New York
Nordseeinseln
Norwegen
Oberbayern
Paris
Peloponnes
Piemont · Lombardei
Polen

Portugal
Prag
Provence
Rhodos
Rio
Rom
Sachsen:
   Dresden · Leipzig
Salzburg
Sardinien
Schleswig-Holstein
Schottland
Schwarzwald
Schweden
Singapur
Sizilien
Spaniens Nordküste
St. Petersburg
Straßburg
Südtirol
Sylt
Teneriffa
Tessin
Thailand
Thüringen
Tirol
Toskana
Türkei
Tunesien
Ungarn
USA Ostküste
Venedig
Venetien · Friaul
Wien
Zypern

In Englisch:
   Munich